—

역사와
예술로
만나는
프랑스

—

고동규 황유라 박예빈 여준서

차례

돌아오는 길 / 119

프롤로그

비좁아 움직이기 힘들고 사방이 막힌 어둑한 공간에 불이 켜졌다. 그 공간은 사람들이 만들어낸 소음과 불규칙한 기계음으로 이내 가득 찼다. 모든 게 잦아들고 난 후 울려 퍼지는 음악은 지루한 비행을 납득할만한 이유를 말해 주었다. 창밖으로 본 프랑스의 하늘은 맑았다.

우리가 속한 부산외대 파이데이아 아카데미아 사업단은 매년 "프론티어" 라는 프로젝트를 진행한다. 학생들이 인문학적 탐구 주제로 탐방을 기획하고, 관련 국가에 직접 방문해 보고 듣고 느끼며 나름의 성과물을 제출하는 프로젝트다. 올해 봄, 대학생 넷이 프론티어 참가를 위해 준비를 시작했다. 그리고 두 명씩 팀을 꾸려 황유라와 여준서는 정치사를, 고동규

와 박예빈은 예술사를 맡기로 했다. 이렇게 우리 네 명은 프랑스의 정치사와 예술사라는 다소 평범해 보이는 주제를 어떻게 하면 좀 더 차별화할 수 있을지 고민했고, 관련 서적과 다큐멘터리를 비롯한 다양한 자료들을 찾았다. 불이 꺼져가는 캠퍼스에서 밤을 새기도, 친구나 선배에게 의견을 구하기도 하며 우리는 작열하는 여름을 준비했다.

마침내 올해 7월 말, 우리는 프랑스행 비행기에 몸을 실었다. 오랜 역사를 가졌기에 프랑스는 다양한 이야기를 품고 있었다. 우리는 그저 파리에서 니스까지, 그 이야기가 남긴 흔적을 따라갔다. 때때로 타는 듯한 더위가 우리를 멈춰 세웠지만, 잠시 서있는 공간조차도 작품이고 예술이었다. 수많은 수식어가 있지만 어느 것도 필요하지 않은, 그런 곳이 프랑스였다.

탐방을 마친 후, 한국에 돌아와 책을 쓰며 많은 것을 느꼈다. 창작은 참 고통스럽다는 것부터 우리가 아직 많이 부족하다는 것까지. 나름의 열의를 가지고 탐구했지만 아직 엉성하고 부족한 것 투성이였다. 이 책의 정치사와 예술사 챕터를 읽으며 독자도 그렇게 느낄지 모르겠다. 기존의 전문 서적에 비해 한참 부족하구나 하고 말이다. 그럴지라도 너그러운 마음으로 봐주셨으면 한다. 전문적이고 신박한 지식을 얻고자 하기보다는 요즘 학생들은 어떤 눈으로 프랑스를 바라보는지, 학생들의 눈에 비친 프랑스는 어떤 모습인지에 중점을 두었으면 한다. 이런 점은 마지막 챕터에서 가장 두드러질 것이다. 어쩌면 이 책의 하이라이트, 이 책의 저자들이 진정 전하고 싶은 말은 마지막 챕터에 담겨 있지 않을까 조심스레 생각해 본다.

프론티어 탐방을 준비하던 봄, 탐방에 나선 여름, 원고를 집필하던 가을, 출판을 준비하는 겨울. 대학생 네 명의 일 년이 담긴 이 책이 여러분의 하루를 만나길 바란다.

2018년 12월

고동규, 황유라, 박예빈, 여준서

혁명의 장소 걷기

1_ 가장 중요한 사건

프랑스 역사를 통틀어 가장 중요한 사건을 꼽으라면 나는 망설임 없이 프랑스 대혁명이라고 답할 것이다. 프랑스 혁명은 프랑스뿐 아니라 수천 킬로미터 떨어진 아시아 극동지역에 살고 있는 우리에게도 큰 영향을 준 국제적 사건이기 때문이다. 프랑스 혁명의 '프'자도 모른다고? 그래도 혁명으로 인해 죽음을 맞이한 마리 앙투아네트나 루이 16세에 대해서는 한 번쯤 들어보았을 것이다. 또한 프랑스 혁명을 배경으로 등장한 나폴레옹도 우리에게 굉장히 친숙한 인물이다.

그러나 여전히 이 혁명은 우리에게 쉽게 와 닿지 않는다. 기간이 꽤 길고 복잡하다는 인식도 있고, 자코뱅이라든지 지롱드, 왕당파, 계몽사상 등 우리에게 익숙하지 않은 단어들로 설명되기 때문이다. 하지만 알고자 노력할 이유가 충분히 있다. 인류 역사에 있어 중요한 사건이라는 거창한 이유가 아니더라도 이 혁명은 분명 우리가 겪은 촛불 시위(일각에서는 촛불 혁명이라고도 표현한다), 우리 부모님이 겪은 6월 민주항쟁과 5·18 광주 민주화 운동, 우리 할아버지 할머니가 일구어 낸 4·19혁명의 원조 격인 사건이기 때문이다. 한국 민주주의의 뿌리를 알고 싶다면, 현대 민주주의의 뿌리인 프랑스 혁명의 전말부터 이해할 필요가 있다.

프랑스 혁명은 그렇게 어렵기만 한 역사적 사건은 아니다. 우리가 촛불 시위의 주인공이 되었던 것처럼 프랑스 혁명의 주인공이 되었을 수도 있다는 생각으로 바라본다면 말이다. 프랑스 혁명은 수백년 전, 수천 킬로

미터 떨어진 곳에서 일어난 우리와는 전혀 상관없는 사람들의 이야기가 아니다. 우리가 겪었던 혹은 우리가 겪고 있는 이야기이다.

2_ 혁명이라는 도미노

한 개 영역에 개혁이 일어났다고 해서 혁명이라 할 수는 없다. 혁명은 다양한 영역에서 동시다발적으로 일어나고 또 다양한 분야에 영향을 미친다. 그렇기에 혁명의 원인을 딱 하나라고 콕 집을 수는 없다. 그럼 시민혁명의 원조라 불리는 프랑스 혁명의 원인은 무엇일까? 이제 본격적으로 그 배경을 살펴보자.

2.1 태양에 가린 그림자

우리가 프랑스 혁명 당시에 살았던 인물이라고 한다면, 지금부터 들을 이야기는 우리의 할아버지 혹은 할아버지의 아버지 때쯤의 이야기다. 17세기에서 18세기, 프랑스는 역사상 가장 유명한 군주인 루이 14세의 통치하에 놓여 있었다. 그의 별명은 태양왕이었다. 이 별명은 루이 14세가 발레에서 태양의 신인 아폴론의 역할을 맡았기에 생긴 것이긴 하지만, 그 당시 루이 14세는 실제로 태양과 같은 절대 권력을 가지고 있었다. 이 절대왕정의 시대에 루이 14세의 말은 곧 법이었고 그의 위에 군림하는 존재

는 오직 신뿐이었다. 비록 그 신마저도 결국 루이 14세의 권력을 뒷받침
하는 명분으로 전락했지만 말이다.

그의 막강한 권력을 대표적으로 보여주는 것은 베르사유 궁전이다. 베르
사유 궁전은 원래 루이 14세의 아버지인 루이 13세 때 지어졌지만 루이
14세 때 화려하게 증축되었다. 지금의 우리가 생각하는 거대한 정원을 거
느린 베르사유 궁전의 모습이 루이 14세 때 완성되었다는 말이다. 루이
14세가 그렇게 베르사유 궁전을 화려하게 증축한데 는 자신의 권력을 과
시하기 위한 목적이 있었다. 프랑스는 그렇게 베르사유 궁전처럼 화려한
전성기를 맞이하게 된다.

베르사유 궁전

하지만 태양도 언젠가는 지는 법, 프랑스에는 태양이 지고 어둠이 찾아
왔다. 루이 14세 때 베르사유 궁전 건축과 전쟁 비용 지원으로 프랑스는
재정이 점점 악화되고 있던 상황이었다. 루이 15세 때에 이르러서는 7년

전쟁, 영국과의 전쟁으로 국고가 바닥을 보이기 시작했고 왕실의 사치는 극에 달했다. 엎친 데 덮친 격으로 인구까지 증가하던 바람 앞의 촛불 프랑스에는 루이 16세가 즉위한다. 달라진 건 없었다. 시민들이 살아가기 더욱 힘들어졌다는 것만 제외하면 말이다. 프랑스는 사채까지 써가며 미국의 독립을 지원한다. 그 덕에 미국은 독립을 하고 백 년 후의 프랑스는 에펠탑을 얻기는 했지만 당장 시민들은 먹고살 수 없었다. 당시 밀가루의 가격이 보통 시민의 한 달 봉급과 맞먹는 수준이었기 때문이다. 이 심각한 재정난은 프랑스 혁명의 도화선이 된다.

2.2 CAFE : 루소 한 잔, 볼테르 한 입

하루에도 수십 번 지나치는 카페들. 카페 없는 거리를 찾기 힘들 정도로 카페 문화는 우리의 삶에 깊게 자리잡았다. 프랑스 또한 마찬가지다. 파리의 거리에는 크고 작은 카페들이 즐비해있다. 하지만 프랜차이즈 가맹점이 대부분인 우리나라 카페와는 달리 파리의 카페들은 오래 되어 보인다. 카페 문화가 시작된 나라이니 당연한 풍경이겠지만 말이다. 영조와 정조가 조선을 통치하던 시기, 프랑스인들은 카페에서 커피를 즐기고 있었다.

카페와 사람들

갑자기 카페 이야기가 왜 나오나 싶겠지만 이 카페는 프랑스 혁명에서 매우 중요한 역할을 한다. 우리에게 카페는 간단히 수다 떠는 장소 혹은 음료를 마시며 간단한 일을 하는 장소에 불과하지만 당시의 프랑스에서 카페는 만남의 광장 내지는 아지트 역할을 했다.

18세기 프랑스의 지식인들은 카페에 모여 커피 한 잔을 마시며 계몽주의 사상을 논했다. 계몽주의 사상에 따르면, 우리는 신이 아닌 우리 자신의 양심과 이성에 의거해야 한다. 이를테면 국가의 정책을 마련할 때, 우리는 신의 명령이라는 명분이 아닌 합리적이고 합당한 이유를 제시해야 한다는 것이다. 그동안 나라를 마음대로 다스릴 수 있었던 왕의 입장에서 보자면 사람들의 카페 모임은 무척 불편하고 신경 거슬리는 일이었을 것이다. 계몽사상의 등장 전에는 부당한 명령을 신의 뜻으로 처리하고 얼버무릴 수 있었지만, 등장 후에는 그런 주먹구구식 태도에 위협이 되는 비판의 목소리가 여기저기서 나오기 시작했는데, 바로 이 목소리가 커피 한 모금을 통해 증폭되곤 했기 때문이다.

계몽사상의 대표적인 인물로는 루소와 볼테르가 있다. 주권은 군주가 아닌 국민들에게 있다는 루소의 주장, 그리고 우주가 신에 의해 창조되었어도 신에 의해 운영되지는 않는다는 볼테르의 주장은 프랑스 혁명에 큰 영향을 끼쳤다. 루소의 주장은 국민들의 주체성을 강조했고, 볼테르의 주장은 왕의 권한을 제한했기 때문이다. 혹자들은 사상은 사상일 뿐이지 그게 혁명에 있어 그렇게 중요한 것인가 하는 의문을 품을 수도 있다. 사실 나도 한 때 그런 생각을 가졌었다. 하지만 혁명으로 인해 생을 마감한 루이 16세의 말을 들어보면 '사상'이라는 것이 단순히 한 줌 거리로 쉽게 치부될 수 없다는 사실을 깨달을 수 있다. 그는 이렇게 말했다.

"나의 왕국을 무너뜨린 놈은 루소와 볼테르 두 놈이다."

3_ 무항산무항심(無恒産無恒心)

일정한 재산이 있어야 바른 마음을 가진다는 뜻으로, 백성들의 경제적 안정이 얼마나 중요한지를 통치자들에게 알리는 말이다. 혁명의 배경이 되는 18세기의 프랑스는 이 원칙이 전혀 지켜지지 않았다. 귀족들의 집에서 나온 음식물 쓰레기를 파는 직업까지 등장했을 정도이니 말이다.

만약 당신이 18세기 프랑스에 살고 있다면 어떤 모습일까? 화려한 드레스를 입고 베르사유 궁전을 거니는 왕족? 아니면 멋진 제복을 입고 마차를 타고 있는 제일의 신사? 사실은 언제 빨았는지 의문이 드는 꼬질꼬질한 옷을 입고 여기저기 음식을 찾아다니는 서민의 모습일 가능성이 크다. 말끔한 모습을 하고 배를 주리지 않는 사람은 프랑스 전체 인구의 2% 정도에 불과했기 때문이다.

당시의 프랑스는 3개의 신분으로 구성되어 있었다. 제 1신분은 성직자, 제 2신분은 무관, 문관 귀족, 제 3신분은 나머지 사람들, 즉 98%의 사람들이 제 3신분이었다. 3신분은 하루 벌어 하루 살기에도 힘든 경우가 대다수였다. 하지만 정작 세금은 3신분만 내고 있는, 매우 불공평하고 비상식적인 상황이었다. 엎친 데 덮친 격으로 프랑스는 재정이 더욱 악화되어 더 많은 세금을 거둬들여야만 했다.

루이 16세도 양심은 있었는지 1, 2신분에게 세금을 걷으려 명사회라는 회의를 개최하지만, 당연하게도 반대에 부딪혀 실패하게 된다. 1, 2신분이 모두 나서서 노블레스 오블리주 정신을 실천하겠다고 할 리 없으니 예상 가능한 당연한 결과였다.

그리하여 전국 신분회(3개 신분의 대표들이 모두 모이는) 회의가 개최된다. 하지만 표결 방식에 대해 갈등이 발생한다. 1, 2신분은 신분별로 한 표씩을 부여하자고 주장했다. 한 신분당 대표로 한 표씩만을 행사하자는 것인데 이렇게 되면 1신분 한 표, 2신분 한 표, 3신분 한 표로 1, 2 신분에게 전적으로 유리한 표결 방식이다. 이 방식으로 진행된다면 3신분이 패하는 건 불 보듯 뻔하기에, 3신분은 사람의 머릿수대로 표를 부여하자고 주장한다. 당시 1신분과 2신분 대표는 각각 300명이었고 3신분 대표는 600명이었기 때문에 머릿수 표결 방식을 따르면 1, 2신분의 표수를 합친 것과 3신분의 표수가 같아지는 셈이었다. 즉, 각 신분별로 자신에게 유리한 표결방식 채택을 주장한 것이다.

1, 2신분과 3신분 간의 입장 차이가 좁혀지지 않자, 3신분은 국민의회를 설치한다. 그들이 법을 만들 수 있도록 조치한 것이다. 3신분은 국민의회를 설치함으로써 스스로 국회의원이 된 것이나 마찬가지였다. 루이 16세는 당연히 이를 반대하고 방해했다. 입법에 대한 왕의 권한을 허락도 없이 그들이 가져가 버렸기 때문이다. 그들의 행위는 루이 16세에 대한 일종의 반란이었다. 이에 위기를 느낀 루이 16세는 회의장을 폐쇄해버리지만 그 정도에 물러선다면 시작도 하지 않았을 터, 제 3신분들은 굴하지 않고 근처에 있는 테니스 코트에 가서 그들의 주장을 이어간다.

3.2 지렁이도 밟으면 꿈틀한다

반란이 번질 조짐이 보이자 루이 16세는 군대를 동원하여 국민의회를 해산시키려 했다. 심지어 그는 파리에 군대를 주둔시키는 결정을 내린다. 나라를 지키기 위한 군대가 오직 왕의 안위를 지키기 위한 군대로 변모한 것이다. 게다가 그는 국민의 신임을 받고 있던 전국 신분회의 의장인 네케르를 파면하기에 이른다. 파리의 시민들은 얼마나 큰 배신감이 들었을까? 지금껏 섬기던 왕이 자신에게 총부리를 겨누고 자신이 믿고 따랐던 사람을 파면시키니 말이다. 이를 계기로 시민들은 무장을 하고 1989년 7월 14일 정치범 수용소이자 무기고인 바스티유 감옥을 습격한다. 본격적인 프랑스 혁명의 시작이었다.

그런데 왜 하필 바스티유 감옥이었을까? 험악한 죄수들을 석방시켜 왕의 목숨을 위협하기 위해? 하지만 바스티유는 주로 정치범 수용소였고 감옥에 있는 죄수는 7명뿐이어서 동원하기에는 수가 너무 적었다. 그렇다면 정치범 수용소를 무너뜨림으로써 정치적 자유를 선언하려고? 그것도 아니었다. 바스티유가 강력한 왕권의 상징적 장소라 바스티유를 함락시키는 게 왕권 약화를 의미하는 것이긴 했지만, 진짜 이유는 생각보다 단순했다. 그들에게는 군대와 맞서기 위해 필요한 무기가 없었지만 바스티유 감옥에는 화약과 탄약이 있었다. 5·18 광주 민주화 운동 당시 시민군이 무장 항쟁을 위해 무기고를 털었던 것처럼, 그들은 살아남기 위해 바스티유를 선택한 것이다.

바스티유는 머지않아 함락되었고, 이는 곧 절대적인 왕권의 몰락을 의미했다. 이전까지만 해도 루이 16세는 상황의 심각성을 몰랐다. 그저 한 번쯤 일어날 수 있는 흔한 반란으로 여겼던 것 같다. 그는 7월 14일에 평소와 다름없이 사냥을 나갔고 그날 밤 10시에서야 바스티유가 함락되었다는 사실을 전해 들었으니 말이다. 결국 그는 네케르를 복귀시켰고 봉건제는 폐지되었다. 더 이상 왕은 절대적인 권력을 가진 존재가 아니었다. 왕의 위에는 법이 존재하였고 이 법은 시민들에 의해 만들어졌다. 프랑스 헌법의 근간이자 프랑스 혁명의 산물인 프랑스 인권 선언은 이 사건 이후에 발표된다.

4_ 기어코 기요틴

혁명은 여기서 끝이 나는 듯했지만, 대를 걸쳐 세습되던 문제가 그렇게 쉽게 해결될 리 없었다. 심지어 이번에는 외부에서까지도 반대 세력이 등장했다. 하지만 그럴수록 프랑스 혁명의 위대함은 더욱 잘 드러났다. 쉽게 포기하지 않는 것, 쉽게 지치지 않는 것. 타오르는 햇불보다는 재 속에 파묻힌 잔열이 더 아름다울 수도 있는 법이다.

4.1 공공의 적

커다란 소용돌이가 파리를 휩쓸고 갔음에도 아직 프랑스에는 해결되지 않은 문제가 많았다. 가장 큰 문제는 백성들이 여전히 굶주리고 있다는 사실이었다. 성이 난 파리의 부녀자들은 베르사유 궁전에 있던 왕과 왕비를 파리로 데려가 감시하고, 의회에서는 헌법을 다시 제정한다. 그런데 이 때 프랑스 혁명을 지켜보던 인접국가인 프로이센과 오스트리아가 자신의 나라까지 혁명의 불길이 번질 것을 우려했다. 지금도 그렇지만 당시에 유럽의 국가들은 주요 가문을 중심으로 형성되었기에 서로 많은 영향을 주고받았다. 독일의 왕이 영국의 왕이 되기도 하고, 프랑스의 왕이 영국의 왕이 되기도 하는 시스템이었다. 그러니 왕권이 약화된 프랑스의 모습은 곧 프로이센과 오스트리아의 미래일 수 있었다. 그리하여 그들은 프랑스로 군대를 보낸다. 혁명전쟁의 발발이었다.

프랑스 시민들에게 오스트리아와 프로이센군의 등장은 공공의 적이 나타난 셈이었다. 어벤져스 같은 히어로 영화를 보면 공공의 적의 등장은 구성원들이 더욱 똘똘 뭉치는 계기가 되는데, 그들에게도 마찬가지였다. 프랑스 각지에서는 의용군을 조직해 파리로 보내기 시작했다. 여기서 의용군은 우리나라에 임진왜란이 발생했을 당시 일본군과 맞서 싸우기 위해 백성들이 자발적으로 조직한 단체인 의병과 같은 개념이라고 생각하면 된다. 그 결과 파리의 의용군은 프로이센군과의 전투에서 크게 승리한다.

이 전쟁을 계기로 프랑스 국민들은 왕과 국가의 존재에 대해 근본적으로 생각해보기 시작한다. 시민들이 국가에 세금을 납부하거나 왕을 믿고 섬기는 행동은 필연적인 것은 아니다. 물론 관습과 교육에 의해 왕과 국가의 존재를 당연하게 생각할 수 있지만, 인간이 만든 공동체인 국가를 떠나는 선택을 할 수도 있다. 그것은 그들의 자유이기 때문이다. 그럼에도 시민들이 국가에 속하는 것을 택하는 이유 중 하나는 국가의 보호가 필요하기 때문이다. 즉, 시민이 국가와 왕에게 자신의 권리를 넘기는 대가로 국가는 국민을 보호할 의무가 있다는 것이다. 하지만 우리가 알다시피 당시의 프랑스는 그런 역할을 제대로 수행하지 못했다. 시민들은 왕이 그들을 구해줄 것이라고 굳게 믿었을 테지만 실제로 그들은 결국 자력으로 위험에서 벗어났다. 그들에게는 굳이 왕이 있어야만 한다는 마음에 와 닿는 명분이 사라진 것이다. 그들은 더 이상 왕에 대한 신뢰를 갖지 않았고, 왕의 권위는 바닥으로 추락했다. 시민들은 왕정을 폐지하고 프랑스 제1공화국을 수립했다.

몇백 년을 지켜오던 왕정은 그렇게 무너졌다. 국민을 끝까지 지켜줄 것 같았던 왕은 더 이상 프랑스에 존재하지 않았다. 프랑스는 시민이라는 어벤져스에 의해 지켜지고 있었다.

4.2 프랑스의 선조

국가에 위급한 상황이 발생했을 때 능력 없는 지도자들이 도망치는 것은 만국 공통인 걸까? 임진왜란 때 선조가 백성을 버리고 부리나케 도망쳤던 것처럼 루이 16세도 자신의 위치가 위험해지자 가족들과 함께 도망친다. 도망쳤으면 잡히지나 말지, 그는 머지않아 의용군에게 체포되고 만다. 그 후에도 다시 한 번 루이는 프랑스 의용군에 의해 체포된다.

프랑스 국민들은 루이에 대해 배신감을 느꼈을 터, 그들은 더 이상 무능력한 그를 왕으로 추대할 만큼 힘없고 멍청하지 않았다. 의용군이 프로이센 군대를 물리치고 안정을 찾은 후 루이 16세의 거취에 대해 입장이 갈린다. 온건파인 지롱드파는 왕의 처형을 반대한 반면, 급진파인 자코뱅파는 왕의 처형을 주장했다. 결국 자코뱅파의 주장이 관철되었다.

이제 루이 16세는 기요틴에서 생을 마감한다. 한 때 최고 권력자였던 그는 그가 다스리던 국민들의 손에 죽음을 맞이했고, 그토록 화려했던 베르사유 궁전은 주인을 잃은 채 쓸쓸히 방치되었다.

5_ 혁명의 끝? 또 다른 혁명의 시작

프랑스는 혁명을 통해 왕을 몰아내고 공화정을 수립했다. 그러나 모순적이게도 이 프랑스 혁명의 뒤에 등장하는 두 인물은 왕보다도 더욱 막강한 권력을 손에 쥐게 된다. 프랑스 혁명은 끝이 난 걸까 아니면 또 다른 혁명의 시작이 된 걸까?

5.1 공포정치

루이 16세의 죽음 이후에 프랑스는 혼란을 겪는다. 대외적으로는 혁명전쟁 중이었고 대내적으로는 자코뱅파와 지롱드파 사이의 권력 다툼이 심화되고 있었다. 몇 백 년 동안 프랑스를 유지하던 시스템이 단 한 순간에 무너졌으니, 그런 혼란은 당연한 결과였다. 혼돈의 상태에 직면하게 되면 사람들은 자신들을 안정시켜줄 영웅적인 인물을 찾기 마련인데, 이 시기의 프랑스에 로베스피에르라는 인물이 등장한다.

로베스피에르는 자신의 소신대로 뜻을 펼쳐나갔다. 자코뱅파였던 그는 반 혁명파, 지롱드파, 마리 앙투아네트를 비롯한 수많은 사람들을 처형한다. 공포정치의 시작이었다. 처음에 시민들은 왕을 대신할 새로운 지도자의 등장을 반겼으나, 머지않아 그의 정치에 반감을 품는다. 왕을 몰아내었더니 더욱 잔인한 방식으로 자신들을 통치하는 자가 나타난 셈이었으니 말이다. 그래서 로베스피에르에 반하는 이들이 그를 암살하기에 이른다.

당시의 프랑스 사람들은 거리에 피가 마를 날이 없는 하루하루를 살았다. 왕의 죽음 이후엔 로베스피에르의 공포 정치가, 로베스피에르의 죽음 이후에는 또 다른 권력 다툼이 기다리고 있었기 때문이다.

5.2 나폴레옹

이런 혼란스러운 파리의 상황을 잠재운 것은 프랑스 역사상 제일의 황제인 나폴레옹의 등장이었다. 여기서 한 가지 의문점이 생긴다. 왕을 몰아냈는데 새로운 황제가 등장한다? 당시의 프랑스 국민들은 혼란스러운 정세에 자신들을 확실히 이끌어줄 성숙한 지도자의 등장을 염원했다. 로베스피에르, 그는 아니었다. 나폴레옹이었다. 나폴레옹이라는 인물이 프랑스의 대외적 문제였던 혁명전쟁을 종식시키고 쿠데타를 일으켜 권력을 잡았다. 프랑스의 대내적 대외적인 문제를 모두 해결해 준 것이다. 결국 나폴레옹은 국민의 투표에 의해 정식으로 황제의 자리에 오르고 대혁명의 종식을 선언한다.

개선문

나폴레옹은 황제로 즉위하는 동안 많은 업적을 세운다. 프랑스의 영토를 넓히고 법을 제정하며 프랑스를 강력한 제국으로 만들었다. 하지만 본질적으로 제정의 수립은 혁명에 반하는 결과였고, 그의 과도한 영토 확장은 프랑스를 궁지에 몰아넣었다. 국민들은 나폴레옹에 대해 실망했으니 그를 유배 보내기에 이른다. 탈출을 시도하지만 결과적으로 그는 유배지에서 생을 마감하게 된다. 나폴레옹이라는 강력한 지도자가 사라진 유럽은 다시 프랑스 혁명 이전으로 돌아가려 한다. 프랑스도 마찬가지였다. 하지만 자유의 맛은 달콤했고 그들이 흘린 피와 땀만큼 값졌기에 프랑스인들은 다시 혁명을 준비하기 시작했다. 나폴레옹으로 인해 꺼져버린 줄만 알았던 혁명의 불씨는 사람들의 마음 깊은 곳에서 여전히 일렁이고 있었다.

6_ 프랑스 혁명의 의의

프랑스 혁명은 엄청난 사건이었고 프랑스와 주변 국가들은 그 혁명의 소용돌이에 거세게 휩쓸렸다. 하지만 약 200여 년의 시간이 흐른 지금, 프랑스 혁명의 자취가 남아있기는 할까?

6.1 기억해줘

프랑스 혁명은 대단한 사건이었지만, 우리가 기억하지 못한다면 그저 하나의 이벤트로 스쳐 지나갈 뿐이다. 기억되지 못한다는 것은 죽음과 다를 바 없으니까. 다행히도 프랑스인들은 혁명이 죽음을 맞이하지 않도록 계속해서 새로운 숨을 불어넣어 주고 있다. 그 덕에 프랑스 혁명의 흔적들이 곳곳에서 우리의 시선을 끈다.

"무장하라 시민들이여 대오를 정렬하라. 전진, 전진! 적들의 불순한 피가 우리의 밭고랑을 적실 때까지."

이번 월드컵에 가장 많이 재생된 라마르세예즈라는 노래의 가사인데, 이 노래는 프랑스의 국가이기도 하다. 동해물과 백두산이 마르고 닳도록 하느님이 보우하신다는 우리나라의 애국가와 비교해 볼 때 국가로서는 다소 위협적이지 않은가 싶겠지만, 어찌 보면 그럴 만도 하다. 이 노래는 혁명 당시 의용군이 파리로 진격하며 부른 것으로, 노래가 탄생한 배경을 감안

하면 공격적인 가사가 당연하게 생각되기 때문이다. 사람들은 이 노래를 부르면서 그들이 마치 파리를 향해 진격하는 의용군이 된 것 같은 비장함을 느낄 것 같다.

또 이번 월드컵에서 가장 많이 게양된 프랑스의 국기인 삼색기는 프랑스 혁명 때 처음 만들어졌다. 이는 혁명 당시 시민군의 모자 휘장에서 유래되었는데, 이 휘장은 파리 시의 상징색인 파랑색과 빨간색에 왕실의 상징 색인 하얀색을 더해 만들어졌다고 한다. 파랑색, 흰색, 빨강색은 각각 프랑스 혁명의 정신인 자유, 평등, 박애를 상징하기도 한다. 프랑스 국민들은 이 노래가 울려 퍼질 때마다, 또 이 노래를 부를 때마다 진지한 마음으로 혹은 가벼운 마음으로라도 프랑스 혁명에 대해 되새겨 볼 것 같다. 그리고 자신들의 국기를 볼 때 한 번쯤은 프랑스 혁명에 대해 생각해 볼 것 같다. 그렇다면 적어도 국가나 국기가 바뀌기 전까지 프랑스인이 혁명을 잊을 수는 없을 것이다.

게다가 프랑스는 바스티유가 함락된 7월 14일을 공식적인 국경일로 지정해 매년 혁명 기념일에 큰 행사를 연다. 샹젤리제 거리에는 군사 퍼레이드가 펼쳐지고 에펠탑에서는 불꽃놀이가 열린다. 이 날의 파리는 인산인해다. 자국민은 물론이고 외국인 관광객들도 그 축제를 즐기기 위해 샹젤리제 거리와 에펠탑 근처로 모여들기 때문이다. 혁명 기념일은 어느새 프랑스인만의 축제가 아닌 전 세계인들의 축제가 되었다. 이외에도 프랑스는 혁명의 산물인 프랑스 인권 선언을 헌법의 전문으로 채택하는 등, 혁명으로 수립된 자신의 정체성을 잘 유지해 오고 있다.

혹자는 기념일이라고 해서 다 같이 프랑스 혁명을 공부하는 것도 아니고 그냥 축제에 불과한데 그게 프랑스 혁명을 소중하게 여기고 기억한다는 증표라도 된다는 말인가 하는 의문을 가질 수도 있다. 그렇다. 프랑스 국민들 중 누군가는 프랑스 혁명에 대해 제대로 알지도 못한 채 기념일에 열리는 행사들만 즐기며 그 날을 보낼 수도 있다. 하지만 적어도 그 날이 어떤 날인지 망각하지는 않는 것 같다.

우리나라에도 프랑스와 같이 중요한 역사적 사건이 있고 그만큼의 공휴일로 그를 느낀다. 하지만 몇 년 전부터 젊은이들이 역사에 너무 무지하다는 우려가 나오고 있다. 우리는 이런 프랑스의 사례를 통해 우리는 어떻게 역사적 사건을 기억하고 있고 이런 기억을 앞으로 어떻게 이어나갈 수 있을지에 대해 진지하게 생각해 보아야 한다.

6.2 뫼비우스의 띠

학계에서는 프랑스 혁명이 언제 막을 내렸는가에 대해 다양한 의견이 존재한다. 통상적으로 1789년에 시작해 1799년에 끝났다고 말하지만 나폴레옹의 몰락 이후라고 주장하는 사람도 있고, 7월 혁명과 2월 혁명 이후라고 주장하는 사람도 있다. 그런데 또 누군가는 프랑스 혁명이 현재 진행 중이라고 이야기한다. 프랑스 혁명의 정신인 자유, 평등, 박애가 아직 제대로 실천되지 않기 때문이라는 이유로 말이다.

이런 관점에서 보자면, 우리나라 또한 혁명 진행 중이 아닐까? 우리는 민주주의라는 제도를 운이 좋게도 쉽게 얻었다. 그것은 광복과 함께 선물처럼 찾아왔다. 그래서인지 민주주의 초기의 우리나라에는 부정부패와 비리가 넘쳐났고, 국민들도 민주주의의 소중함에 대해 무지했다. 그러나 우리는 진정한 민주주의를 위해 투쟁했다. 그리고 여전히 투쟁하고 있다. 4·19 혁명, 5·18 민주화운동, 6월 민주항쟁이 그랬고 얼마 전의 촛불 시위도 그랬다. 쉽게 얻었으나 쉽게 지켜온 것은 아니었다. 앞으로도 쉽지는 않을 것 같다.

민주주의 사회를 살고 있는 한, 그리고 민주주의의 뿌리인 시민이라는 역할을 우리가 맡고 있는 한, 우리는 얻은 것을 지키기 위해 최선을 다해야한다. 우리는 그 방법을 프랑스를 통해 찾을 수 있다. 많은 프랑스 사람들은 프랑스 혁명에 대해 그리고 조상들이 목숨 걸고 지켜온 민주주의에 대해 상당한 자부심을 갖고 그 체제를 소중히 여긴다. 반면에 우리나라에서는 얼마 전까지만 해도 5·18 민주화 운동이 폭동으로 치부되었고, 편향된 역사 해석을 강요하는 국정화 교과서가 기획되기도 했다. 우리의 잘못된 선택 혹은 외면으로 인해 다사다난한 날들을 살아오기도 했다. 물론 우리의 선택이 항상 최선일 수는 없다. 하지만 적어도 최선의 선택을 하려 노력할 수 있고, 그 선택에 책임질 수는 있다. 아니, 해야만 한다.

시민들이 정치에 무관심해지면 결국에는 큰 희생을 치러야 한다는 사실을 우리는 다년간의 경험을 통해 잘 알고 있다. '정치를 외면한 가장 큰 대가는 가장 열등한 사람들에게 지배당하는 것'이라는 플라톤의 말은 민주주의가 반드시 새겨들어야 할 일침이라고 본다. 혁명의 정신인 자유, 평등, 박애가 실현되는 날까지 우리의 혁명 또한 계속될 것이다.

프랑스 혁명은 19세기의 정치와 이데올로기를 형성에 큰 영향을 주었다는데 의의가 있다. 여전히 세계 각지에서 프랑스 혁명은 진행 중이다.

프랑스를 다녀오면서 프랑스 국민들이 주체적으로 이루어낸 역사적 사건인 프랑스 혁명을 기념하는 7월 14일에 현장에 있지 못했다는 점이 많이 아쉬웠다. 프랑스는 혁명 기념일에 차량을 통제하여 멋진 유니폼을 입고 행진할 뿐만 아니라 온 국민이 거리로 나와 퍼레이드 및 콘서트를 관람하고 낮부터 밤까지 모두가 하나가 되어 즐긴다. 이에 프랑스 국민들이 얼마나 자신들의 역사를 자랑스러워하는지에 박수를 보내고 싶었다.

또 자국에 대한 자부심을 느낄 수 있었던 점이 있다. 지하철 노선의 대부분이 공사 중이었는데 왜 사람들이 자주 여행 다니는 7월과 8월에 하는지 의문이 들었다. 이는 프랑스 정부에서 휴가를 떠날 자국민을 배려해 보수작업을 여행 성수기에 계획한 것이었다. 외국인이 보면 이기적이라고 볼 수 있지만 자국이 국민을 생각하는 마음에도 놀랐다. 반면 우리나라의 국경일은 직장인에게는 꿀 같은 휴식일이 되고 학생들에게는 학업으로부터 벗어나 잠시나마 자신의 시간을 가지게 된다. 이게 잘못된 것은 아니다. 하지만 프랑스 혁명보다 규모가 다소 작거나 가져온 결과가 그보다 크지 않더라도 나라의 운명을 뒤바꿔놓은 여러 국경일을 대부분 가볍게 여기는 나의 마음을 반성할 수 있었다. 역사는 반복된다. 근래 몇 년간 나라 내외적으로 국민들이 곤경에 빠지고 실망한 사건들이 많았으며 이것이 계속된다면 큰 변화를 일으킬 움직임이 다시 나타날 수 있다. 과거에 대대적인 변화를 가져온 사건들을 아무렇지 않게 생각한다면, 앞으로도 같은 실수로 불필요한 피와 희생을 감수해야 할 수도 있다.

7_ 프랑스 혁명 속 장소들

책으로만 공부해도 충분할 정도로 프랑스 혁명에 대한 자료는 방대하다. 그럼에도 우리는 직접 프랑스에 가는 것을 택했다. 책으로는 그 공간이 우리에게 걸어오는 말을 들을 수 없기 때문이다. 프랑스 혁명의 배경이 된 공간들, 그리고 그것들이 우리에게 들려준 이야기를 여러분도 들을 수 있으면 좋겠다.

7.1 프랑스 화려함의 끝판왕

프랑스를 대표하는 건축물로는 에펠탑과 베르사유 궁전이 있다. 특히나 베르사유 궁전은 중세 프랑스의 화려함과 전성기를 잘 나타내주는 건축물로 유명하다. 사실 베르사유 궁전이 크고 화려하기로 유명하고 TV 프로그램이나 영화에 노출된 모습도 근사해서, 나는 무척 큰 기대를 갖고 있었다. 적어도 중국 자금성 정도의 스케일과 오스트리아의 쇤부른 궁전만큼의 화려함을 갖췄을 것이라고 생각했다.

베르사유 궁전

기대가 너무 컸던 탓인지, 궁전을 방문했을 때 나는 적잖이 실망했다. 궁전 크기는 생각보다 작았고, 내부는 분명 화려하긴 했지만 눈이 아플 지경이고 답답했다. 궁전도 어쨌든 일종의 거주지인데, 내가 이곳에서 살아야 한다면 숨이 막힐 것 같았다. 구경하기에는 좋지만 살고 싶지는 않은 곳, 이것이 궁전에 대한 나의 첫 인상이었다.

베르사유 정원

하지만 궁전 앞에 펼쳐진 정원을 보니 "아, 이래서 베르사유 베르사유 하나 보다" 싶었고, 이 정도 정원이면 백 번이고 살겠다 싶었다. 샹젤리제 거리만큼 넓고 길게 뻗은 직선 대로에 자로 재고 자른 듯한 네모반듯한 나무들, 그리고 그 앞에 펼쳐진 큰 호수를 보고 있으니 속이 뻥 뚫렸다. 곳곳에서 흘러나오는 클래식 음악을 들으며 가만히 앉아 있으니, 루이 14세와 그의 신하들이 금방이라도 옆을 지나갈 것만 같았다. 베르사유 궁전을 보러갔다가 정원에 반하고 돌아왔던 것이다.

하지만 궁전에 대한 이야기로 다시 돌아가야겠다. 이 궁전에 혁명의 어떤 흔적이 남아있는지 알아보는 일이 남았다.

많은 사람들은 베르사유 궁전이 파리에 있다고 착각한다. 나 또한 베르사유에 갈 계획을 세우기 전까지는 그랬다. 국가의 수뇌부는 당연히 수도에 있어야 한다고 생각했기 때문이다. 경복궁이 서울에 있고 자금성이 베이징에 있고 버킹엄 궁전이 런던에 있는 것처럼 말이다. 하지만 실제로 궁전은 파리에서 약 17km 떨어진 시골인 베르사유에 위치하고 있다. 왜 궁전이 파리 바깥에 위치해 있을까?

베르사유 궁전이 지어지기 전까지 프랑스의 수도는 명실상부 파리였다. 허나 루이 14세는 신분이 낮고 교양 없는 시민들과 떨어져 살고 싶다는 이유로 왕궁을 옮겼다. 그러자 베르사유가 실질적으로 프랑스의 수도 역할을 하게 되었다. 나라의 통치자인 왕이 있는 장소이고 모든 정사는 이곳에서 이루어졌기 때문이다. 여기서 우리는 꽤 흥미로운 사실 하나를 알아차릴 수 있다. 당시 통치자에게 시민들의 의사는 중요하지 않았다는 것 말이다.

한 점의 그림이라 해도 그 안에는 작가의 많은 의도가 담겨 있다. 소재 결정에서부터 색감의 선택과 구도에 대한 고민까지 말이다. 건축물도 마찬가지이다. 내가 살 집을 지을 때도 동선부터 시작해 많은 것을 고려하는데, 국가의 원수가 살 곳이면 사소한 것 하나하나에 특정한 의도와 심사숙고의 결과를 실었을 것이다.

건물은 주인의 생각을 대변하는 상징물인 만큼 우리는 베르사유 궁전을 통해 당시 왕들이 국가와 국민에 대한 생각이 어땠는지 알 수 있다. 베르사유 궁전은 오직 자신의 세력을 과시하고 마음대로 국민들을 다스리는 곳이었다. 쌍방향적 소통이 아니라 일방적 명령만 존재하는 곳이었다. 지리적 위치를 보아도 그 이유를 짐작할 수 있다. 일단 베르사유는 국가의 중심지이자 수도였던 파리와 약 17km 떨어져 있다. 지금이야 이 정도 거리는 가까운 축에 속하지만 가장 빠른 교통수단이라고 해 봐야 말뿐이던 당시의 프랑스에서 17km는 꽤 먼 거리였다. 즉각적인 상호 작용이나 소통이 불가능했다는 것이다. 실제로 루이 16세는 바스티유 감옥이 함락 당한 것조차 그날 밤에서야 알게 되었다고 한다. 자신에게 불리한 정보도 늦게 전해 받는 위치이니, 서민들의 삶에 대해 왕이 알기는 더더욱 힘들었을 것이다. 아니, 어쩌면 왕은 서민의 삶에 대해 알고자 하는 의지가 별로 없었는지도 모른다. 이와 관련하여 베르사유 궁전이 휴양을 목적으로 지어진 별장에서 시작되었다는 이야기도 귀담아 들을 만하다. 이와 더불어 베르사유 궁전은 휴양을 목적으로 지어진 별장에서 시작했기 때문에 매우 한적한 곳에 자리하고 있었다.

절대 왕정 국가였던 중세 프랑스와 달리, 우리 민주주의 사회에서 가장 중요한 것은 시민들과 소통하는 일이다. 그렇기에 정부청사는 우리의 도심 속에 위치하고, 대부분 시민들의 방문 또한 자유롭다. 나아가 어떤 도시의 시청사는 시장과 시민들이 자유롭게 소통할 수 있도록 별도의 특별한 공간을 마련해 두기도 한다. 이밖에도 독일 국회의사당의 경우 특이하게 돔이 유리로 만들어져 투명한데, 이는 독일 정치의 투명함을 상징하고 또 국회의원들에게 국민을 위해 일하고 있다는 사명의식을 심어주기 위함이라고 한다. 이 건물들과 베르사유 궁전을 비교해보면 그 차이점이 더욱 확연히 드러난다.

그렇다. 이 건물 내에서 또 베르사유 궁전 내에서 행해지는 일은 모두 국가 운영이지만 그 방식의 차이는 놀랄 만큼 크다. 그리고 이 차이를 세상에 낳은 역사적 사건이 바로 프랑스 혁명이다. 그러니 혁명 이후 오랫동안 궁전이 방치되었던 것은 어쩌면 지극히 당연한 결과였는지도 모른다. 베르사유 궁전의 주인은 왕이었지만 의회의 주인은 시민이니까 말이다.

7.2 살롱과 카페

프랑스는 걸어가는 길마다 카페가 있다고 해도 무방할 정도로 카페 문화가 발전했다. 17세기 무렵, 프랑스에 처음으로 카페가 등장한다. 초기 카페가 경제적 영역의 정보망 역할을 했다면, 프랑스로 넘어온 이후로 음료를 마시며 정치, 예술, 사상, 사회적 주제에 대해 장시간 토론하는 장소로 변모한다. 귀족과 왕정들이 폐쇄적인 살롱에서 사치와 특권을 누렸다면, 민중들과 하층민은 개방적인 카페에서 일상을 보냈다. 지금 프랑스 카페에 가게 되면 왜 카페가 프랑스혁명의 발원지로 불리는지 알 수 있다. 최근의 카페는 정적인 장소 중 하나이다. 보통은 공부나 데이트를 하기 위한 장소로 사람들이 인식한다. 이러한 카페의 모습이 익숙했던 나에게 프랑스 카페의 떠들썩하고 생기 넘치는 모습은 신선한 충격을 주었다. 과거에 그랬듯이 개방적인 공간에서 음료를 마시며 사람들은 대화를 끊임없이 한다. 비록 언어의 벽에 부딪혀 무슨 내용인지 알아듣지는 못하였으나, 마치 몇 개의 토론대회가 동시다발적으로 펼쳐지는 것 같았다. 일반적으로 수다라고 중요치 않게 생각하고 넘어가는 카페에서의 일상대화가 모여 하나의 계몽을 이루어냈다는 점은 우리나라가 배워야할 점이 아닌가 싶다. 프랑스 카페로부터 국민들은 평등과 개혁을 위해 끊임없이 토의하고 실천으로 옮기며 프랑스혁명을 이루어 냈다. 매일 즐기는 한 잔의 음료 그리고 카페에서 나눈 대화들은 커피처럼 까맣기만 했던 프랑스 국민들의 앞날을 환히 비춰주는 큰 역할을 하게 되었다.

7.3 죄수번호 208번

죄수번호 208번 마리 앙투아네트. 마리 앙투아네트는 단두대에서 처형되는 날까지 75일 동안 콩시에르주리(La Conciergerie)에 갇혀있었다. 그녀의 남편이었던 루이 16세가 '프랑스 10월 8일 사건'으로 왕권을 찬탈당하고 반역죄로 인해 사형 선고를 받고, 마리의 가족은 모두 '템플 프리즌'에 수감된다. 그러던 어느 날, 마리는 감옥 내 신부로부터 슬픈 소식을 들게 된다. 그것은 마리의 건강을 악화시키고 삶의 의욕을 완전히 없앴다. 국민의회 의원들은 이런 마리를 전혀 신경쓰지 않았고, 그녀를 콩시에르주리로 이감시키기로 결정한다.

콩시에르주리가 처음부터 감옥으로 사용된 것은 아니었다. 그곳은 파리 최초의 궁전이었다. 이는 현재 루브르 박물관으로 궁전을 이전하면서 감옥으로 사용되기 시작한다. 파리 최초의 궁전 내부에는 오직 혁명의 잔재와 감옥의 흔적만이 남았다. 이곳으로 가는 중 수학여행을 통해 방문한 우리나라의 서대문 형무소와 비슷할 거라 생각했으나 아니었다. 두 장소는 많은 죽음이 있었다는 공통점이 있지만, 콩시에르주리는 지금의 프랑스가 있게 해준 혁명의 역사를 자랑스러워하는 느낌을 주는 반면, 서대문 형무소는 한국의 아픈 식민지 역사만이 남아있었기 때문이다.

여러 개의 방을 돌아다니다 마리 앙투아네트가 수감된 방을 보니 마리 앙투아네트가 기도하는 모습이 그려져 있었다. 현재 알려진 바와 달리 마리는 민중의 편이었고 다른 귀족에 비해 사치스럽지 않았다. 또한, 오스트리아에서 온 그녀는 프랑스어를 하지 못했다. 처형 당시에도 무슨 일이 벌어지고 있는지 몰랐을 수 있기에, 그녀가 수감되었던 방을 보자 마음이 싱숭생숭했다.

감옥의 터만 남은
바스티유 광장

우뚝 선 기념비가 있는 광장이 있다. 이 광장은 7월 14일에 혁명의 시작이라 할 수 있는 바스티유 감옥 습격 사건이 일어난 바스티유 감옥의 터이다. 바스티유는 처음에 프랑스와 영국의 백년전쟁 중 요새로 사용되었다. 백년 전쟁이 끝난 후 바스티유 북쪽에 새로운 관문이 생기게 되면서 기존의 요새 기능을 잃게 되었다. 이후에 바스티유는 감옥으로 개조되었다. 바스티유가 현재는 자유의 상징으로 기념비적인 곳으로 여겨지지만 감옥으로 만들어진 당시에는 전제정치의 상징이었다. 이러한 바스티유 감옥을 어떻게 현재 혁명의 상징만으로 사람들이 인식하게 되었을까?

7.5 진실은 괴롭다

바스티유 감옥 함락 사건은 네케르의 해고 소식으로 시작되었다. 네케르는 민중들의 정치적 참여를 가능하게 한 삼부회를 소집한 장본인이다. 이 소식이 파리 시민들의 귀에 들어가게 되자 너나할 것 없이 거리로 나와 바리게이트를 세우고 국가의 무기고에 쳐들어가 각종 총기를 구하였다. 총기만 있고 화약이 없었던 시민들은 무기고를 털었던 자신감을 가지고 바스티유 감옥으로 향하게 된다. 시민들은 감옥의 사령관인 로네와 협상을 시작했다. 협상은 사령관이 조용히 감옥 내 주둔한 병력을 후퇴시키면 시민들도 조용히 화약만 챙겨 나오겠다고 체결되었다. 혹시나 했으나 역시나. 지금까지 왕정에 싸인 분노를 참지 못하고 성난 시민들이 사령관을 포함해 몇몇 병사들을 죽였다. 진실은 이렇다. 하지만 지금 알려진 바스티유 감옥 습격 사실과 다소 거리가 있다. 이 당시 시민들은 수감자는 왕정으로부터 저항한 혁명투사들이라고 생각했다. 그들이 감옥을 습격하여 해방된 단 7명의 죄수들의 모습에 혁명가는 어디도 없었다. 1789년 혁명정부는 민중의 영웅적인 혁명 활동을 기록하기 위해 '바스티유 관계문서 간행 위원회'를 만들었다. 혁명의 선두에 선 사람을 찾아 질문을 던진 위원회는 충격에 휩싸이게 된다. 전제정치의 상징인 바스티유 감옥을 공격한 결과 습격으로 이어진 것이 아닌 단지 화약이 필요했던 점, 습격 전 협상을 했음에도 지키지 않고 살인까지 한 점과 더군다나 수감자들은 같은 혁명동료가 아닌 일반 죄수였다는 점은 혁명의 상징으로 여길 수 없는 사실이었다.

'바스티유 관계문서 간행 위원회'가 진실을 알게 되었을 때, 단 하나의 청록색 기념비가 세워진 넓은 바스티유 광장 앞에 도착한 나의 기분처럼 허무하면서도 횡했을 것이다. 바스티유 감옥 습격 과정에서 있었던 진실이 무엇이든 혁명정부 입장에서는 바스티유 감옥이 무너지고 남은 광장을 프랑스 혁명의 시작점과 성지로 만들어야 했다. 바스티유 광장에 도착했을 때 다른 역사, 예술의 관광지에 비해 다소 사람이 적었다. 바스티유를 바라보는 새로운 관점이 많아지면서 프랑스 혁명을 무작정 '자유'로 생각하지 않기 때문이지 않을까?

8_ 승자의 기록

역사는 승자에 의해 기록된다. 우리는 역사적 사건에 대해 공부할 때 항상 이 점을 유의해야 한다. 사람은 모두 자신에게 유리한 발언을 더 많이 하기 마련이니까. 프랑스 혁명 또한 하나의 역사적 사건이다. 우리가 프랑스 혁명에 대해 알 수 있는 방법은 모두 기록에 의존한 방법이기에 승자의 기록이라는 점을 유의하며 프랑스혁명에 대해 생각해보아야 한다. 승자의 기록에는 남지 못한 패자의 항변을 들어보자.

음악을 좋아하던 한 소녀는 어머니를 따라 음악회에 갔다. 그곳에서 소녀는 자기 또래의 남자 아이가 넘어져 있는 모습을 보곤 가서 일으켜주었다. 그 소년은 다음 무대의 주인공이었고 성공적으로 연주를 끝마쳤다. 사람들은 여섯 살 남짓한 아이의 연주에 큰 감명을 받아 소년에게 소원을 하나 들어주겠다고 했다. 그러자 그 아이는 자신을 일으켜준 소녀를 가리키며 저 여성분과 결혼시켜 달라고 부탁한다. 절로 웃음이 나는 이 귀여운 일화 속 소년은 천재 음악가 모차르트이고, 청혼의 주인공인 소녀는 기요틴에서 생을 마감한 마리 앙투아네트이다.

프랑스 제일의 악녀로 알려진 마리 앙투아네트는 프랑스로 시집가기 전 그저 오스트리아의 귀염둥이 막내 공주님일 뿐이었다. 그녀는 여느 유럽 왕실의 공주들과 같은 수준의 교육을 받았다. 물론 당시 공주들의 교육수준은 그리 높지 않았다. 공주들의 역할은 나라를 잘 다스리는 것이 아니라 결혼을 통해 가문과 왕국의 세력을 넓히는 것이었으니까. 그렇게 공주 마리 앙투아네트는 프랑스로 가서 왕비가 된다.

그녀는 사치의 아이콘으로 알려졌지만 실제로 다른 왕비들과 비교해서 수수한 편이었다고 한다. 당시 프랑스 전체 예산의 3퍼센트는 왕실에서 자유롭게 사용할 수 있는 금액이었는데 대부분의 왕과 왕비는 이를 초과했다. 그러나 루이 16세는 재위기간 동안 그 예산을 초과한 적이 한 번도 없었다. 또한 빵이 없으면 케이크를 먹으라는 그녀의 발언도 루머라는 것이 정설이다. 그녀는 그런 말을 할 만큼 서민의 삶에 대해 무지하지 않았다. 그녀는 마차를 몰 때 소작인의 밭 위를 지나가는 행동을 금하였다. 지금의 우리로서는 당연하고 상식적인 일이지만 프랑스 왕실에서 그런 행동을 한 사람은 마리 앙투아네트가 유일했다.

그렇다면 마리 앙투아네트는 왜 이런 오명을 쓰게 되었을까? 일종의 마녀사냥이었다. 당시 왕비들의 의무는 그저 왕실의 대를 이을 남자아이 출산 정도였다. 나라의 기강을 확립하기 위해 왕비가 할 수 있는 일은 딱히 없었으며 그래야 할 의무도 없었다. 물론 마리 앙투아네트가 현명하게 내조했다면 상황이 호전될 가능성이 조금이나마 높아질 수는 있었을지도 모른다. 하지만 그녀는 대책을 강구할만한 충분한 수준의 교육을 받지 못했을 뿐더러 프랑스 왕실 내에서 의지하는 사람이 자식에 불과할 만큼 외로움을 타는 찬밥 신세였다. 이러한 상황에 상관없이 성난 파리의 군중은 화살을 겨눌 대상이 필요했고 그 대상이 바로 마리 앙투아네트였다.

역사에 만약이란 건 없다지만 그녀의 기구한 운명을 듣다보면 만약 이랬다면 어땠을까 하는 생각을 하게 된다. 만약 그녀가 루이 16세에게로 시집가지 않았더라면 그저 오스트리아의 예쁜 공주님으로 남을 수도 있지 않았을까? 만약 어린 마리 앙투아네트가 모차르트의 청혼을 받아들였더라면 남편에게 사랑받는 행복한 아내로 살아가지 않았을까? 만약 그녀가 오스트리아의 공주로 태어나지 않았더라면 조금 더 명예로운 죽음을 맞이하지 않았을까? 베르사유의 장미 마리 앙투아네트가 아닌 그저 격동의 시기에 살아갔던 한 여자의 삶은 너무나도 비참했다.

태어나는 순간부터 그들은 패자였다. 그들은 사회적으로나 신체적으로 약자였다. 그들은 제대로 된 교육조차 받지 못했으며 자신들의 억울함을 항변하고 개선할 수 있는 정치활동도 그들에겐 금지되었다. 하지만 그들은 열심히 일을 해야 했다. 먹을 것이 없어 죽어가는 아이들을 살리기 위해서 말이다. 어떤 이는 사창가에서 몸을 팔기도 하고, 머리카락과 생니까지 팔아가며 악착같이 버텼다고 한다. 살기 위해서는 어쩔 수 없었던 것이다.

어느 날 혁명의 불씨가 일었다. 그들도 혁명에 참여했다. 조금 더 나아질 거라는 믿음, 우리가 힘을 가질 수 있을지도 모른다는 희망에서였다. 그들은 열성적이고 희생적으로 나라를 위해 투쟁했다. 시위를 주도하는 경우도 꽤 많았다. 결국 그들은 승기를 거머쥐었다. 그럼에도 불구하고 그들은 여전히 차별받았다. 오직 여자라는 이유로.

우리 사회는 여성들을 약자라고 인정한다. 여성들은 약자라는 이유로 보호를 받기도 하지만 차별을 받기도 한다. 혁명 당시 프랑스의 여성들은 후자에 속한다. 그들은 약자이기에 수많은 차별을 받았지만 강자에 맞서 당당히 싸웠다. 그들은 약하다고 해서 숨기만 하는 겁쟁이가 아니었다. 프랑스의 여성들은 진취적이었고 혁명에 있어서도 적극적인 역할을 수행했다. 하지만 후대에 사람들이 기억하는 프랑스 혁명에 여자의 모습은 찾아보기 힘들다. 프랑스 혁명에 관한 그림을 보더라도 대부분이 총을 들고 행진하는 남자들일 뿐이고 우리 또한 프랑스 혁명에서 여성들이 얼마나 중요한 역할을 했는지 얼마나 멋있는 싸움을 해냈는지 모르니 말이다.

사실 우리 대부분은 프랑스 혁명에서 여성이 어떤 역할을 맡았는지 간과하곤 한다. 혁명은 남성과 여성을 가리지 않고 모든 사람들에게 긍정적 결과에 대한 희망을 모든 이들에게 주었는데, 이러한 희망과 기대 속에 여성들은 누구보다 앞서 베르사유 궁전을 행진했다. 여성들의 시위로 인해 시작된 다른 봉기들도 여럿 있다고 한다. 프랑스 여성들은 소규모 단체나 협회를 만들어 정치에 적극적으로 참여했으니, 국가조직의 해산 조치에도 불구하고 프랑스 여성들은 여성의 인권뿐만 아니라 양성의 정치적 권리와 공적 이익을 위해 노력했던 것이다.

8.3 '공화국의 어머니'의 끝나지 않은 혁명

일반적으로 프랑스 혁명 과정 속 여성의 역할 및 활약은 잘 알려져 있지 않다. 짧은 기간이지만 여성들은 운동 과정 속 조직의 저항과 해산 명령을 뿌리치고 여성 관련법을 얻는다. 당시 프랑스 사회의 이상적 여성은 '공화국의 어머니'로 아이들에게 자유와 평등에 대한 사랑을 심어 공화국의 시민으로 키워야 했다. 이러한 여성들의 정치적 개입이 잦아지고 목소리가 커지자 단체와 협회가 폐쇄되고 모든 활동을 금지되기 시작한다. 프랑스 민중들의 힘을 빌려 혁명의 성공을 주도한 자코뱅은 기존 사회질서의 무너짐을 막기 위해 여성운동을 탄압한다. 이후 여성들은 참정권을 박탈당하고 다시 집안일만 하게 된다. 엎친 데 덮친 격으로 나폴레옹 민법은 남성과 여성의 우열을 가리는 법을 제정하여 가부장적 권력을 부활시킨다. 결과적으로 혁명 과정에서 보여준 능동성이 오히려 여성들의 지위를 악화시킨 셈이다. 프랑스 혁명의 주연은 남성으로 기록되었으며 악화된 여성의 지위는 20세기 중반에 주어진 참정권을 통해 조금이나마 보상된다. 전 세계 남성과 여성의 비율은 1:1로 동일하다. 하지만 이런 수치적 동등성이 실질적 사회참여 및 권리에서 등등함을 의미하지 않는다. 현재 여전히 여성의 대표성 문제는 사람들의 입에 오르내린다. 프랑스 혁명 이후 몇 번의 개정을 통한 정치적 참여와 사회참여가 확대되기도 했으나, 아직 갈 길이 멀다는 의견도 있다. 많은 사람들에게 프랑스 혁명은 역사의 일부이다. 여성에게는 그들의 지위에 변화가 시작된 프랑스 혁명은 역사가 아닌 현재 진행형이다.

예술가의 편지 찾기

1_ 루브르 박물관

늦은 오후 파리에 도착해 숙소에서 하룻밤을 잔 후 맞이한 아침. 파리에서의 첫 날이었다. 아침 일찍 처음으로 향한 곳은 루브르 박물관이었다. 개인적으로 세 번째로 방문하는 파리이기 때문에 내가 이 도시에서 새롭게 느낄만한 것은 그리 많지 않았다. 하지만 한 번도 가보지 못했던, 아니 가보지 않았던 루브르 박물관은 예외였다. 이전에 파리에 갔던 열여덟-열아홉의 나는 혼자서 배낭여행 중이었는데, 어린 나에게 루브르를 비롯한 여러 미술관들은 그저 지루한 곳으로만 느껴질 뿐이었다. 미술에 대한 지식도, 관심도 없었던 나는 긴 줄을 기다리고 입장료까지 내가면서 미술관에 들어가기보다는 그 시간에 차라리 다른 곳을 더 많이 가보는 게 낫다고 생각했다. 다른 미술관들은 물론이고, '세상에서 가장 유명한 박물관', '파리에서 꼭 가봐야 할 3대 미술관' 등 여러 수식어를 가진 루브르 박물관조차도 감히 외면했던 것이다.

그래서일까? 첫날 아침 루브르로 향하던 나는 파리라는 미완성된 퍼즐의 마지막 한 조각을 드디어 끼워 맞춘다는 생각에 묘한 기대와 설렘에 휩싸였다. 사실 그곳에 입장하지 않았을 뿐이지 파리에 머무는 동안 루브르는 거의 매일 봤기 때문에 루브르의 외관은 나에게 매우 익숙한 모습이었다. 루브르를 거의 매일 지나치며 보게 된 이유는 루브르가 파리 시의 정중앙 1구에 위치해 있어 자주 지나칠 수밖에 없었기도 하고, 또 내가 파리에서 가장 좋아하는 장소인 튈르리 공원 바로 옆에 있기 때문이기도 했다.

　박물관이라 하기에는 너무나 아름답고 웅장한 루브르의 모습을 보며 '세상에서 가장 유명한 박물관이라면 외관이 이 정도는 돼야지'라고 생각했었는데, 사실 루브르가 그런 화려한 겉모습을 하고 있는 것은 그곳이 과거에 왕궁이었기 때문이다. 한 건축물이 용도를 달리하며 역사를 이어나가는 것은 흔히 있는 일이다. 12세기 말 프랑스 국왕 필리프 2세(Philippe Auguste)가 영국의 공격에 대비한 요새 목적의 성벽을 쌓았던 것이 루브르의 시초이다. 지금도 루브르 박물관의 쉴리관(Sully) 지하에 가면 요새 역할을 하던 초창기 루브르의 성벽이 아직 남아있는 것을 볼 수 있다. 이후 16세기에 이르러 프랑수아 1세가 증축을 통해 루브르를 요새에서 왕실의 궁전으로 탈바꿈시켰다. 루브르의 바로크식 외관은 바로 이 때 탄생한 것이다. 하지만 왕궁으로서의 루브르는 역사가 그리 길지 못했다. 약 1세기 후 태양왕 루이 14세가 베르사유로 왕궁을 옮겼기 때문이다. 베르사유가 왕궁이 된 후로 루브르는 프랑스 왕실이 수집한 각종 예술 작품들의 소장처로 이용되었다. 얼마 후 프랑스 왕립 회화·조각 아카데미가 주관하는 전시회인 살롱전이 개최되며 일반 시민에게 개방되는 등 조금씩 대중적인 박물관으로서의 모습을 갖춰 나갔다. 그러다가 프랑스 혁명 이후 '예술 작품은 모두의 것이어야 한다'는 시민들의 목소리가 높아졌고, 루브르를 세상에서 가장 크고 아름다운 박물관으로 만들어 시민 모두가 작품을 감상할 수 있도록 하겠다는 나폴레옹의 야심찬 계획에 따라 대대적인 공사가 이루어졌다. 그것이 바로 지금의 루브르 박물관이다.

　개장 시간보다 조금 일찍 루브르에 도착한 나는 많은 인파가 몰리는 지상의 유리 피라미드 입구를 피해 지하 입구로 갔다. 하지만 그곳에서 나를 반긴 것은 예상보다 긴 줄이었다. 허탈하게 줄을 바라보는 나에게 루브르는 '프랑스의 자부심인 루브르의 여름 성수기 입장을 만만하게 보고 고작 10분 일찍 왔느냐'며 비웃는 듯했지만, 다행히 줄이 빨리 줄어들어 금방 입장할 수 있었다.

루브르에는 약 37만여점의 예술 작품들이 전시되어 있다. 오픈부터 마감까지의 시간 동안 한 작품 당 1초씩만 감상한다고 가정해도, 전체 작품을 모두 보려면 1주일이 넘게 걸린다는 계산이 나온다. 당연히 전시중인 모든 작품들을 다 감상할 수는 없고, 보고 싶은 작품들을 어느 정도 정해놓고 그에 맞는 동선을 짤 필요가 있다. 루브르 박물관은 드농관, 쉴리관, 리슐리외관의 3개의 관으로 되어있다. 다소 빡빡한 일정상 이 곳에서 내가 보낼 수 있는 시간은 그리 많지 않았기 때문에 주요 작품들이 가장 많이 전시되어 있는 드농관을 위주로 둘러보았다.

1.1 노예 조각상들

루브르의 지하 입구에서 드농관으로 들어가면 많은 조각상들이 보인다. 모든 작품을 하나하나 상세히 볼 수 없어 빠르게 지나가던 나를 가장 먼저 멈춰 세운 조각 작품은 미켈란젤로의 『죽어가는 노예』였다. 사실 이 작품을 모르고 그냥 봐서는 작품의 제목이 '죽어가는 노예'라는 것을 상상하기 어렵다. 몸짓이나 표정이 죽어가는 사람이라 하기에는 너무나 평온하기 때문이다. 고개를 뒤로 젖힌 채 눈을 지그시 감고 있는 그 표정은 차라리 무언가에 희열을 느끼고 있는 모습에 더 가깝다. 그 에로틱한 표정과 우아한 자태는 묘한 관능감마저 불러일으킨다. 베르니니의 조각 작품 『성 테레사의 황홀경』 속 테레사 성녀의 에로틱한 표정이 겹쳐 보이기도 했다. 미켈란젤로가 이러한 섹슈얼리티를 의도한 것인지는 잘 모르겠으나, 어쨌든 작품의 제목이 정말 '죽어가는 노예'가 맞나 싶은 생각이 들었다. 사람이 죽어가는 모습이라 판단할 만한 유일한 요소는 살짝 몸을 뒤틀고 있다는 것뿐인데, 그 또한 고통에 의한 뒤틀림인지 어떤 환희에 의한 뒤틀림인지 알 수가 없었다.

왜 이 작품의 제목이 '죽어가는 노예'일까? 죽어가는 사람의 표정이 왜 저토록 평화롭고 나른해 보이는 것인가? 미켈란젤로는 죽음이 생의 마감이 아니라 생으로부터의 해방이라는 역설적인 메시지를 드러내고 싶어 했던 것 같다. 그리하여 육체에서 영혼이 빠져나가는 죽음의 순간, 조각상의 몸은 뒤틀릴지언정 드디어 삶에서 벗어난다는 해방감에 그 표정만큼은 평화로운 것이다.

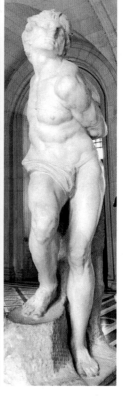

미켈란젤로가 이 작품의 제작에 착수한 것은 시스티나 예배당 천장의
'천지창조'를 완성한 다음 해이다. 그런데 천지창조라는 대작을 완성하기
위해 그는 천장 바로 아래에 비스듬히 누운 불편한 자세로 4년에 걸쳐 작
업했다고 한다. 그의 목과 허리, 눈에 이상이 생겼을 정도로 힘들고 고생
스러운 작업이었다. 어쩌면 4년에 걸친 '영혼이 빠져나가는 듯한' 작업을
하면서 삶은 고통이고 죽음이 해방이라는 생각을 스스로 하게 된 것일지
도 모를 일이다. 그는 '나는 조각을 할 때 대리석 안에 이미 들어있는 인

간의 형상을 본다. 그 인간의 형상을 제외한 나머지 부분을 돌에서 제거하여 인간을 끄집어내는 것이 내가 하는 일이다'라는 말을 했었다. 작품이 만들어진 16세기는 이미 르네상스라는 인본주의가 절정에 이른 상태였고, 그래서 어쩌면 이 작품은 그가 말한 모든 '인간'의 영혼을 대표하는 조각이 아닐까 하는 생각도 하게 된다.

『죽어가는 노예』의 오른쪽에 『반항하는 노예』가 있다. 두 조각상은 쌍둥이처럼 딱 붙어 서있지만, 전혀 다른 모습과 분위기이다. 죽음 앞에 순종적이고 평화로운 모습의 『죽어가는 노예』와 달리, 『반항하는 노예』는 사납고 맹렬한 표정으로 무언가에 반항하려는 의지를 보여준다. 비록 밧줄에 몸이 묶여있지만, 자신을 옭아맨 밧줄에 체념하지 않고 그것을 끊어내려는 듯 역동적이고 강한 몸짓이다. 마치 라오콘 군상처럼 발버둥 치며 심하게 뒤틀린 신체의 묘사가 우리의 시선을 강하게 끈다. 그것은 필시 무언가에 끊임없이 도전하고, 반항하고, 포기하지 않으려는 인간의 강한 의지를 표현해낸 것이리라.

언젠가 JTBC 뉴스룸의 앵커브리핑에서 손석희 앵커가 당시 국정농단 사건과 관련해 서경식 교수의 책 『나의 서양미술 순례』의 구절을 인용하며 이 작품을 언급한 적이 있었다. 이 책에서 서경식 교수는 루브르 박물관을 방문해 이 작품 앞에서 발걸음을 뗄 수 없었다고 고백하며 다음과 같이 말한다. "마음속에서는 뭐라 이름하기 어려운 광풍이 소용돌이쳐 도무지 진정할 줄을 모른다. … '노예'는 나의 형인 것이다. 나는 그것을 감상하고 있는 것이다." 서경식 교수의 두 형은 70년대 김기춘이 이끄는 유학생 간첩단 사건 때 무고한 옥살이를 하게 되었는데, 루브르에서 이 작품을 마주한 그는 이 작품 속에서 형들의 모습을 봤다는 것이다. 자신을 속박한 밧줄에 굴하지 않고 현실에 저항하고 맞서 싸운 형들의 모습을. 비슷한 감상을 프랑스에 적용시켜, 자신들을 짓누르던 모순적인 구체제에 반항하여 들고 일어났던 프랑스 시민들의 정신이 바로 이 조각상에 깃들어 있을지도 모르겠다는 생각을 나 또한 해보았다.

1.2 미의 여신과 승리의 여신

다음으로 루브르에서 가장 유명한 두 조각상, 『밀로의 비너스』와 『사모트라케의 니케』를 보았다. 비너스 조각상에는 팔이 없고, 니케 조각상에는 팔과 머리가 없다. 이렇듯 이 두 작품은 '무언가가 없다'는 공통점을 갖고 있다.

떨어져 나간 팔과 머리는 이 조각상들이 그만큼 오래되어 세월의 침식을 받았다는 증표이기도 하다. 그 오랜 세월을 거슬러 올라가 신체 일부가 떨어져 나가기 전의 '실제' 모습이 어땠을지 고고학적으로 복원해 보려는 시도도 많이 있었다. 하지만 그런 것은 미술사학자들에게나 중요할 뿐이다. 루브르에서 이 조각상들을 감상하는 우리에게 중요한 것은 '결여가 만들어내는 아름다움'이라는 아이러니이기 때문이다. 팔이 없고 머리가 없기 때문에 우리는 아쉬워하고, 그래서 그 없는 부분을 상상하게 되니, 결국 조각상은 우리의 상상 속에서 한층 더 아름다워진다. 두 조각상은 신체 일부의 부재에도 불구하고, 아니 어쩌면 그 부재 덕분에 아름답다.

　어린 시절 매주 가던 목욕탕에서 항상 '밀로의 비너스'상을 봤었던 나에게 이 조각상은 매우 익숙한 이미지이다. 양 팔이 없는 그 모습이 너무나 익숙해 이젠 이 조각상의 팔 달린 모습은 생각만 해도 부자연스럽고 식상하다. 팔이 없음에도 여전히 아름답다는 감탄을 자아내는 이유는 이 작품이 고대 그리스의 고전적인 미적 이상을 그대로 실현해 냈기 때문이 아닐까 싶다. 해부학에 따른 뼈대와 근육의 사실적인 표현, '짝다리 짚은' 비스듬한 자세에서 나오는 여체의 곡선, 팔등신 황금비율의 신체구조 등은 오랜 세월 서구 조각 예술의 기준이자 모범이 되었다.

　『밀로의 비너스』가 미의 여신이라면, 『사모트라케의 니케』는 승리의 여신이다. 니케의 영문 철자는 현재 누구나 알 만한 유명 스포츠 의류 브랜드의 것과 같다. 브랜드 로고 또한 여신의 날개 모양에서 따온 것이라고 한다. 승리를 쟁취해야 하는 스포츠에 더없이 적절한 메타포라는 생각이 든다. 이 조각상도 『밀로의 비너스』처럼 팔이 없지만, 사실 양 날개가 부재하는 팔을 대신하고 있는 듯한 착시를 일으켜 팔의 부재가 잘 느껴지지 않는다. 원래 이 조각상은 뱃머리에 위치해 있었을 것이라 추정되는데, 양 날개를 활짝 펼치고 배 위에서 승리를 향해 물살을 가르는 여신의 모습은 상상만 해도 가슴 벅차다. 한쪽 다리를 내밀어 몸을 앞으로 살짝 기울인 모습에서는 전진감과 역동성이 느껴지고, 바람에 펄럭이듯 몸을 휘감은 얇은 옷감의 표현은 여신의 관능적인 몸매를 부각시키는 듯하다. 작품이 많은 사람들로 북적이는 계단에 위치해 있어 편하게 관람하기는 어렵다. 그럼에도 한 동안 넋을 놓고 가만히 응시하게 된다.

1.3 가깝고도 먼 모나리자

더 이상 무슨 말이 필요할까? 서양 미술에 관심이 없다 해도 모나리자를 모르지는 않을 것이다. 천재 화가 레오나르도 다 빈치(그림뿐만 아니라 여러 분야에서 뛰어난 재능을 보였지만 여기서는 화가라 칭하기로 한다)의 여러 작품들 중에서도 최고로 손꼽히는 작품이고, 또 전 세계 초상화들 가운데 가장 잘 알려져 있는 작품이니 말이다. 이 그림의 가치는 그 주변의 장비만 봐도 쉽게 짐작된다. 다른 작품들과 달리 두꺼운 방탄유리벽 속에 철저히 보호되어 있고, 가까이 접근할 수 없도록 경비원의 감시

와 함께 펜스까지 둘러져 있다. 사실 이 그림을 둘러싼 각종 의혹과 추측들이 그것을 더욱 유명해지게 한 측면도 있다. 그림의 모델이 정확히 누구였는가 하는 의문을 비롯하여 각종 미스터리가 생겨나 더 많은 관심을 불러 일으켰던 것이다.

당시 초상화로는 흔치 않았던 반신상으로 그려진 여인, 그림 속의 이 여인은 안정적인 피라미드 구도로 경직된 자세를 취하고 있는데, 그럼에도 그 모습에서 딱딱함을 느끼기 힘들다. 이런 독특한 자연스러움은 약간 비스듬하게 틀고 있는 자세의 효과 때문이기도 하고, 또 '스푸마토'라는 레오나르도 다 빈치의 독자적인 기법 때문이기도 하다. 스푸마토는 '연기처럼 사라지다'는 뜻의 이탈리아어 'sfumare'에서 유래된 말로, 물체의 윤곽을 안개처럼 자연스럽게 뭉개서 번지도록 하는 기법이다. 작품 전체에 걸쳐 사용된 스푸마토 기법은 그림 속의 눈썹 없는 여인의 묘한 미소와 함께 마치 꿈속에서 작품을 보는 듯 신비로운 느낌을 자아낸다. 또한 이 그림을 어느 위치에서 보든지 우리는 그림 속의 여인과 눈을 마주치게 되는데, 이것은 그림을 그리는 화가의 시선과 모델의 시선이 정확히 일직선상에 놓일 때 생기는 효과로 알려져 있다. 레오나르도 다 빈치는 이 과학적 사실을 알고 그렸다고 한다. 여인의 등 뒤를 감싸고 있는 그림의 배경 또한 흥미롭다. 왼쪽과 오른쪽의 풍경이 확연히 다른데, 그럼에도 양쪽 모두에 물이 흐르고 있으며, 양 배경의 물줄기는 모두 굽이져 흘러 모나리자의 몸통과 연결된다. 해부학에 박식했던 레오나르도 다 빈치가 자연의 물줄기를 인간의 몸통에 핏줄처럼 연결하여 자연과 인간의 순환과 환원을 표현한 건 아니었을까?

이런 대작을 루브르 박물관에서 직접 마주하는 것도 의미가 있지만, 어쩌면 도판으로 보는 게 더 나을지도 모르겠다. 수많은 인파와 경비원의 눈치 탓에 작품의 심오함을 현장에서 제대로 느끼기에는 무리가 있기 때문이다.

1.4 신고전주의 그림들

『호라티우스 형제의 맹세』는 서양미술사에서 신고전주의 양식을 대표하는 그림이다. 신고전주의 양식의 가장 큰 특징은 그림에서 전체적으로 엄격하고 안정적인 구도와 균형, 이상적인 비율 등이 느껴진다는 것이다. '신고전주의'라는 사조 이름에서 '고전'이란 고대 그리스 예술의 균형, 비율, 조화, 안정감 등을 말하는 것으로, 그 시대에 중시하던 작품의 요소들을 규범으로 삼아 따르는 양식을 뜻한다. 그러니 자연스럽게 고대 그리스나 로마의 신화 및 역사적 스토리가 작품의 모티브로 자주 사용되곤 한다.

　이 그림은 당시 프랑스 미술계의 거장 자크 루이 다비드가 루이 16세의
주문을 받아 그린『호라티우스 형제의 맹세』로, 로마 시대 전쟁에 출전하
기 전 목숨을 걸고 싸우겠다고 맹세하는 형제들의 모습이 인상적이다. 루
이 16세가 국민들의 애국심을 고취시키기 위해 국가를 위해 충성하고 자
신을 희생하라는 메시지를 대중들에게 전하는, 일종의 프로파간다로 그림
을 의뢰한 것으로 볼 수 있다. 늠름한 자세로 서 있는 세 형제의 이상적
인 신체 비율이 돋보이며, 정중앙에 형제들에게 칼을 건네주는 아버지와
그 위의 아치를 기준으로 그림이 정확하게 반으로 나누어져 안정감과 균
형감이 잘 느껴진다. 중세 유럽 미술에서 원 또는 반원 형태의 할로

(Halo)는 인물의 성스러움을 표현하는 상징으로 쓰였는데, 그림에서 선명하게 보이는 세 개의 아치는 마치 자신을 희생하여 국가에 충성하는 세 형제의 고귀한 정신을 성스럽게 표현해내고 있는 듯하다. 한편 그림 오른쪽의 슬퍼하는 여인들은 아마 세 형제의 어머니이거나 누이이거나 부인일 것이다. 굳건한 자세로 늠름하게 맹세하는 세 형제, 그리고 그들에게 칼을 건네는 아버지의 모습과는 무척 대조적이다.

『호라티우스 형제의 맹세』가 신고전주의라는 미술 양식을 대표하는 그림이라면, 동일한 화가가 그린 『나폴레옹의 대관식』은 프랑스 미술사에서 가장 위대한 작품이라 할 수 있다. 다비드는 루이 16세와 나폴레옹, 두 명의 프랑스 왕을 섬긴 화가였는데, 『호라티우스 형제의 맹세』는 루이 16세의 주문으로, 『나폴레옹의 대관식』은 나폴레옹의 주문으로 그린 그림이다. 나폴레옹을 만난 후 다비드는 그의 열성적인 지지자가 되었고, 『나폴레옹의 대관식』이외에도 『알프스를 넘는 나폴레옹』을 그리는 등 나폴레옹을 미화하여 찬탄하는 그림을 여러 점 그렸다.

『나폴레옹의 대관식』은 그 크기만 해도 가로 9미터에 세로 6미터가 넘는다. 이렇게 거대한 작품을 완벽하게 그려냈다는 것만 해도 다비드의 천재성이 돋보인다 할 수 있다. 사진이 없었던 그 시절 나폴레옹의 대관식이라는 역사적 이벤트를 사진처럼 묘사했다는 점에서도 역사적인 의미를 지니는 작품이다. 물론 그림에 그려진 것처럼 나폴레옹이 황후 조세핀에게 왕관을 씌워주는 모습이나, 정중앙에 나폴레옹의 어머니가 대관식에 참석한 모습, 나폴레옹에게 축복의 손짓을 하고 있는 교황의 모습 등은 나폴레옹의 요구에 맞춰 실제와 다르게 그려진 부분들이긴 하다. 나폴레옹이 이렇게 실제 사실과 다르게 그림을 미화시킨 이유는 대관식이라는 자신의 인생 최대의 이벤트를 흠 없이 완벽하게 기념하고 싶었기 때문이다.

좌우측은 그림자를 드리워 어둡게 처리한 반면에 정중앙으로는 밝은 빛이 내려오게 함으로써 보는 이의 시선을 집중시킴과 동시에 대관식의 주인공인 나폴레옹을 한층 더 신성하게 묘사하고 있다. 신고전주의 대표작 『호라티우스 형제의 맹세』를 그린 다비드의 작품답게, 『나폴레옹의 대관식』 또한 그 구도와 형식이 매우 안정적이다. 현대로 오면 정해진 형식과 틀이 점점 사라지고 화가의 주관적 느낌을 따르는 그림들이 점점 더 많아지는데, 개인적으로는 신고전주의 양식의 그림을 보았을 때 그 균형 잡힌 구도 때문인지 마음이 편안해진다.

19세기 유럽인들에게 동방은 아직까지 미지의 세계였다. 유럽이라 하기도 애매하고 아시아라 하기도 애매한 위치의 오스만 투르크는 대부분의 유럽 나라들과 지리적으로나 종교적으로나 거리가 멀었다. 이러한 물리적 거리감과 종교적–문화적 이질감은 유럽인들의 오스만 투르크에 대한 각종 상상의 근원이었다. '오달리스크'란 오스만 투르크 황제의 곁에서 시중을 드는 여자 하녀를 뜻하는 말이었는데, 당시 유럽인들이 갖고 있던 동방에 대한 환상은 오달리스크를 황제의 쾌락을 위해 몸 바치는 여자 노예로 바꾸어놓았다. 사각형 프레임의 대각선을 정확히 가로지르는 아름다운 여체가 시선을 단번에 사로잡는다. 희고 뽀얀 피부는 보드라운 여인의 살결을 충분히 짐작하게 하고, 몸체와 오른팔 사이로 살짝 보이는 젖가슴과 S자를 그리는 여체의 곡선은 아찔함을 느끼지 않을 수 없다. 거기에 감상자를 정확히 응시하는 여인의 관능적인 눈빛과 화면 속 여러 가지 소품들은 에로틱한 분위기를 한층 더 고조시킨다. 침대에 누워있는 나체의 여인을 그린 그림은 서양 회화에서 수도 없이 많지만, 이 작품의 의미는 이것이 고전주의와 낭만주의의 중간적 성격을 지녔다는 데 있다.

　재미있는 사실 하나가 있다. 신고전주의의 거장 자크 루이 다비드의 제자였던 앵그르, 그는 대세로 떠오르던 낭만주의에 맞서 고전주의 양식을 이어나가고자 했으나, 사실 앵그르의 가장 유명한 작품인 이 그림은 고전주의라기보다 오히려 낭만주의 화풍에 더 가깝다는 것이다. 근처에도 가보지 못한 이슬람 세계를 오로지 자신의 상상력에 의해 그려냈다는 점, 인물의 신체 비율이나 뼈대, 근육의 묘사 등이 고전주의에서 추구하는 정밀하고 엄격한 묘사와는 전혀 다르다는 점을 감안할 때, 이 그림이 고전주의와는 거리가 멀다고 할 수 있다. 여인의 신체를 자세히 보면 허리가 비현실적으로 길어 정상적인 사람에 비해 척추 뼈가 몇 마디는 더 있는 듯 보이며, 뼈나 관절의 구분이 없이 마치 고무 인형처럼 흐물흐물해 보인다. 이 때문에 처음 출품되었을 당시 많은 평론가들로부터 조롱과 비아냥을 들어야 했다. 이에 대해 앵그르는 예술적 아름다움이란 해부학에 따라 과학적으로 정밀하게 그려진 그림과는 무관하다고 말했다. 그에 따르면, 예술적 아름다움은 화가의 주관과 상상력에 따라 새롭게 가공되고 때로는 왜곡되는 대상, 그 대상이 담긴 그림에만 존재한다. 이런 생각 역시 낭만주의 양식의 대표적 특징이니, 이렇게 보나 저렇게 보나 그는 낭만주의 화가에 더 가까웠던 듯하다.

1.6 절망과 희망

이 그림은 실제 있었던 일을 바탕으로 그려졌다. 1816년, 세네갈로 향하던 프랑스의 메두사호가 바다에서 난파당하는 사고가 일어났다. 미처 구명보트를 타고 탈출하지 못한 사람들은 허술한 뗏목 위에서 2주 가까이 표류했다. 그들은 그늘도 없는 뜨거운 낮과 잠들 수 없는 길고 어두운 밤을 보내며 굶주림과 갈증에 오랜 시간 시달려야 했는데, 뗏목에 탄 140여 명의 최초 인원 중 살아서 구조된 사람은 고작 10여 명뿐이었다. 인간의 한계를 시험하는 극한의 상황에서 뗏목 위에서는 상상하기 힘든 끔찍하고 절망적인 일들이 벌어졌는데, 일례로 함께 있던 사람의 인육을 먹었다는 생존자의 증언이 전해지며 세상을 충격에 빠뜨렸다.

한편, 이 사건은 식민지 기득권을 얻기 위해 항해 경험도 없는 엉뚱한 사람이 선장 자리를 매수해서 일어나게 된 재난으로, 부정부패에 의한 인재였다. 젊고 열정 넘치던 화가 제리코는 이 사건을 그림으로 그려 세상에 알려야겠다는 결심을 하게 되고, 그렇게 탄생한 그림이 바로 『메두사호의 뗏목』이다.

이 그림을 마주한 순간 가장 먼저 눈에 들어오는 것은 전체적으로 어두운 갈색 톤이다. 암울하고 절망적인 분위기가 피부로 바로 느껴진다. 다음에는 죽은 아들을 한쪽 무릎에 뉘이고 반쯤 정신이 나간 듯한 아버지의 모습이 보인다. 그의 등 뒤 사람들은 멀리 보이는 구조선을 향해 손을 흔들고 있는데, 그런 소란스럽고 극적인 상황도 아랑곳 않고 등을 돌린 채 턱을 괴고 있는 노인의 무표정이 모든 것을 말해주는 듯 함축적이다. 뗏목의 닻 바로 아래에는 두 손으로 머리를 감싼 채 절망에 빠져 있는 남자의 모습도 보인다. 맨 아래에 죽어 널브러져있는 사람들을 시작으로, 그 위로는 팔을 뻗어 무언가를 가리키고 있는 사람들을 지나, 마지막으로 먼 바다를 향해 격정적으로 천을 흔들고 있는 맨 위의 남자까지. 삼각형의 구도로 아래에서 위로 시선이 움직이며 감정이 극대화된다.

잘 보이지 않지만, 수평선에 자그마한 점처럼 표현된 것이 바로 구조선이다. 참혹하고 암담하기 그지없는 상황에서 저 멀리 보이는 구조선. 바로 이 부분이 작품에서 가장 중요한 포인트가 아닐까 싶다. 오랜 기간 표류한 뗏목 위의 절망적인 풍경만 그릴 수도 있었겠지만, 제리코는 구조선을 발견한 극적인 순간을 묘사했다. 앉아있는 사람들의 표정이나 시체더미로부터 느껴지는 공포, 절망 등의 감정과 함께 구조선을 향해 몸부림치는 사람들에게서 보이는 희망, 환희, 삶에 대한 의지 등의 감정이 하나의 그림 안에 모두 스며있다. 두 가지 대조적인 감정이 동시에 담긴 이 작품은 낭만주의를 이야기할 때 빼놓을 수 없는 걸작이 되었다.

1.7 들라크루아로 보는 낭만주의

1830년 7월, 파리에서 왕정복고에 반대하는 시민 혁명이 일어났다. 낭만주의 화가 외젠 들라크루아가 이때의 사건을 그려낸 작품이 『민중을 이끄는 자유의 여신』이다. 펄럭이는 삼색기와 오른편에 보이는 노트르담 대성당이 인상적이다. 삼색기는 1789년 프랑스 혁명 당시 사용되었고, 혁명 이후에는 부르봉 왕정에 의해 금지되었다가 1830년 7월 혁명 때 다시 등장한 것으로서 프랑스 국기이기 이전에 그 자체로 혁명의 상징이었다. 삼색기의 세 가지 색 중 혁명을 위한 열망과 희생된 이들의 숭고한 피를 상징하는 빨간색이 단연 눈에 띈다. 작품 속의 인물들은 의상에 따라 상류층에서부터 노동자 계급, 하층민까지 다양한 계급으로 그려졌는데, 이를 통해 사회의 모든 구성원들이 계급을 초월하여 하나가 되어 혁명에 참여

했음이 드러난다.

그림 아래쪽에는 혁명 도중 죽은 사람들의 시체가 그려져, 자유를 쟁취하기 위한 투쟁에서의 숭고한 희생이 강조되어 있다. 삼색기를 든 여인은 자유의 여신으로, 현실에 존재하지 않는 상상속의 인물로 그려져 있다. 낭만주의 그림의 특징이 잘 드러나는 대목이라 할 수 있다. 그런데 가슴을 훤히 드러낸 여인의 모습 때문에 작품을 감상할 때 시선이 너무 집중되어, 여신의 모습을 왜 굳이 저렇게 표현했을까 하는 의문이 들기도 했다. 사실 이 그림 속 여신의 모습은 전통적이고 고전적인 방식으로 묘사되던 여신과는 여러모로 다르다. 우아하고 아름다우며 관능적인 모습이라기보다 의지에 찬 굳세고 남성스러운 모습이기 때문이다. 아마도 반쯤 벗겨진 옷에도 아랑곳 않고 시위대를 이끄는 모습에서 혁명에 대한 의지와 급박함을 보여줌과 동시에, 여신도 저런 모습으로 열정을 다해 자유를 쟁취하니 시민들도 몸 바쳐 혁명에 동참하라는 메시지를 담기 위함이었을 것이다.

여신 오른쪽에 있는 소년은 빅토르 위고의 소설 『레 미제라블』에 나오는 소년 가브로슈를 표현한 것으로, 어린 소년조차 혁명에 뛰어들게 된 긴박함과 절실함을 느끼게 한다. 여신 왼쪽에 장총을 든 남성은 들라크루아 자신을 그린 것으로, 혁명의 뜻에 동참한다는 화가의 의지를 드러내고 있다. 1830년 7월 프랑스에서 실제 있었던 일을 작가가 상상력을 통해 그려냄으로써, 이 작품은 사진과 같은 매체가 없던 시절 더없이 의미 있는 역사적 사건의 기록이 되었다.

이처럼 실제 일어난 사건을 바탕으로 한 작품이 들라크루아의 그림 중에 또 있는데, 그것은 『키오스 섬의 학살』이다.

1822년 당시 오스만투르크의 지배하에 있던 그리스의 키오스 섬에서 독립혁명이 일어났는데, 이를 진압하는 과정에서 터키 군대가 무고한 사람들을 대량으로 학살하는 장면을 그가 이 그림에 담았다. 배경에는 불길한 색의 노을지는 하늘과 검은색의 바다, 살육의 장면이 보이고, 앞쪽에는 모든 것을 체념한 듯한 노파와 죽어가는 엄마의 젖을 찾는 아기, 젊은 아내가 기대고 있는 무표정한 남편의 옆구리에서 쏟아지는 피, 터키 군에게 끌려가는 옷이 벗겨진 여인 등이 보인다. 당시 그리스인들이 경험한 끔찍한 학살의 현장이 고스란히 담겨있으니, 루브르에 간다면 꼭 보아야 할 의미심장한 작품 중 하나로 꼽고 싶다.

1.8 루브르를 나서며

5년 전 처음으로 파리에 갔던 나는 문득 에펠탑이 실제로 보면 뭐가 다를까 하는 생각이 들었다. 그도 그럴 것이 인터넷이나 여행 관련 방송 프로그램, 잡지책 등 여러 매체에서 줄기차게 에펠탑을 봐왔던 터라, 굳이 실제로 보지 않아도 그 모습이 너무 익숙했기 때문이었다. 하지만 막상 눈앞에서 에펠탑을 마주한 나는 그 거대하고 웅장한 건축물이 뿜어내는 분위기에 압도당했다. 그리고 무엇인가를 눈으로 직접 보는 것과 사진으로 보는 것에는 큰 차이가 있다는 사실을 알게 되었다. 그 후로 이번 여행까지 파리에 두 번을 더 오게 됐는데, 올 때마다 '내가 정말 파리에 다시 왔구나'라는 사실을 실감하게 되는 때는 항상 에펠탑을 마주하면서였다. 무언가 울컥한 감정을 느끼며 한동안 탑에서 눈을 떼지 못하곤 했다.

루브르 박물관 이야기를 하다 갑자기 웬 에펠탑인가 싶겠지만, 나는 예술작품도 똑같다는 말이 하고 싶었다. 인터넷으로도 충분히 고화질의 생생한 그림 작품을 볼 수 있지만, 실제로 봤을 때 그 크기로부터 느껴지는 압도감이나 생생한 색감, 작품 고유의 분위기 등은 두 눈으로 직접 보지 않고는 도저히 느낄 수 없는 것들이다. 다른 곳으로 발걸음을 떼기 힘들 정도로 그 앞에 서서 한참을 바라보게 만드는 매력이 분명 있다. 사실 촉박한 일정과 많은 인파 때문에 충분한 시간을 두고 감상하긴 힘들었지만, 앞으로도 많은 예술 작품들을 책이나 인터넷으로 '보는' 것에 그치지 않고 직접 마주해 '감상'하고 싶다는 생각이 들었다.

한편, 방금 한 이야기와 관련해서 모나리자의 관람 방식에 대해 아쉬운 점이 많았다. 모나리자가 워낙 유명하고 가치 있는 작품이라 이해는 하지만, 3미터의 안전 라인과 엄청난 인파, 작품에 씌워져 있는 방화 유리벽 등이 우리의 감상을 지나치게 방해했다. 각도에 따라 변하는 색감과 가까이서 마주하는 디테일 등을 전혀 느낄 수 없다면, 예술 작품을 직접 '감상'한다고 할 수 있을까? 모나리자를 보기 위해 루브르를 간다고 해도 과언이 아닐 정도인데, 그 목적으로라면 루브르 방문이 전혀 의미가 없다는 생각이 들었을 정도의 장비들이 우리를 가로막고 있었고, 이 작품을 실제로 가까이서 제대로 감상할 방법이 없다는 것을 알고서 조금 허탈하고 실망스러웠다.

그래도 꽤 기쁘고 반가운 순간도 있었다. 박물관으로 입장할 때였다. 안내소에 비치된 한글 안내 책자를 보는 순간 잔잔한 감동과 왠지 모를 뿌듯함이 느껴졌다(물론 국내 모 항공사의 후원으로 오르세 미술관에도 한국어 안내 서비스가 있긴 하다). 파리 시내 곳곳에서 한국인을 마주하는 건 너무나 쉬운 일인데도 각종 관광지 안내 책자나 오디오 가이드에서는 아시아권 언어 가운데 야속하게도 한국어만을 쏙 뺀 중국어나 일본어만 보이곤 했다. 앞으로 더 많은 관광지에서 한국어로 된 안내 도구들을 만나볼 수 있길 기대하며 흐뭇한 마음으로 루브르 한글 안내 책자를 챙겨 입장했다.

또 한 가지, 당연한 말일 수 있지만 이런 위대한 작품들을 언제나 가까이서 접할 수 있는 파리지앵들이 조금은 부러웠다. 물론 파리에 사는 사람들은 정작 가까이 있는 것의 소중함을 모르고 가지 않을 수도 있지만, 어쨌거나 이 대단한 박물관을 보유하고 있다는 점에서 그들의 자부심이 이해가 가기도 했다. 항공료부터 각종 숙박비 등 큰 액수의 여행경비를 지불하고, 그러고도 촉박한 일정에 시달리면서 빠르게 루브르를 돌아봐야 했던 나로서는 아쉬운 마음을 달래며 네 시간 남짓한 짧은 탐방을 끝내고 다음을 기약한 채 루브르와 작별할 수밖에 없었다.

2_ 오르세 미술관

오르세 미술관의 건물은 원래는 기차역이었다. 1900년 파리에서 개최된 세계 만국 박람회를 위해 건축된 오르세 역은 역사와 호텔로 이루어져 있었으며, 1900년부터 1939년에 폐쇄될 때까지 프랑스 서남부를 잇는 최고의 네트워크로서 기능하던 화려하고 아름다운 건축물이었다. 이후 건물의 용도가 없어져 한동안 버려지다시피 하여 재개발될 운명에 처했는데, 많은 파리 시민들이 거리로 몰려나와 이 아름다운 건축물의 재개발에 반대했다. 결국 폐쇄되지 않고 건물 외관을 그대로 살려 1986년 12월, 미술관으로 문을 열게 된다.

오르세 미술관은 주로 마네, 모네, 르누아르, 고흐, 세잔 등의 19세기 인상주의 미술 작품 전시가 주를 이룬다. 인상주의가 프랑스에서 생겨난 미술사조인데, 그 인상주의 작품들을 모아놓은 곳이 오르세 미술관이라는 점에서 방문 의의가 크다. 또한 고대부터 19세기 이전까지의 작품들이 전시된 루브르 박물관과 20세기 이후의 현대 작품들이 전시된 퐁피두센터 현대미술관을 시기적으로 이어주는 역할을 한다는 점에서도 흥미롭다.

인상주의는 현대미술의 시초이다. 지금은 '화가'하면 이젤을 들고 나가 야외에서 풍경을 그리는 사람의 모습을 떠올리는 것이 익숙한데, 사실 이것은 인상주의 때부터 생겨난 화가들의 작업 방식이다. 그 이전에는 모두 야외가 아닌 실내 화실에서 그림을 그리는 것이 당연한 일이었다. 화실에서 화가가 이미 알고 있는 대상을 머릿속으로 떠올려 그림을 그려내는 종전과는 다르게, 인상주의 화가들은 직접 밖으로 나가 시간에 따라 변화하는 빛의 효과를 표현하려 했다. 햇빛은 한 시도 쉬지 않고 바뀌어갔고, 그것을 따라가기 위해 자연히 화가들은 빠르고 거친 붓질로 그림을 그려낼 수밖에 없었다. 그리하여 완성된 그림은 형태와 윤곽선이 뚜렷하지 않고, 강렬한 원색들이 화면 속에 난무하는 그림이었다. 이전까지의 회화 양식에 익숙해져있던 관객들은 그것을 보면서 불안함과 거부감을 느꼈다. 익숙함으로부터 벗어난 새로운 시도는 언제나 기존의 관습에 젖어있던 사람들에게는 받아들이기 힘든 불편한 것으로 다가온다. 기존과 다른 새로움으로 불쾌감을 주는 것, 이것은 현대미술의 가장 큰 특징 중의 하나이고, 바로 이런 점에서 인상주의가 현대미술의 시작을 알리는 미술사조로 평가받는 것이다. 인상주의가 '현대미술'이던 그 당시의 사람들에게는 그것이 처음 느끼는 낯설고 불편한 것이었겠지만, 지금은 미술에 관심이 없는 사람들조차도 인상주의 화가들의 이름은 익히 들어봤을 정도로 미술사에서 가장 사랑받는 회화 양식으로 남았다.

오르세 미술관이 인상주의 작품들이 주로 전시되어 있는 미술관이라면, 그 인상주의의 아버지라 불리는 화가가 바로 에두아르 마네다. 마네는 자신의 그림 때문에 두 번이나 거센 비난을 받았는데, 아이러니하게도 그 비난의 대상이 된 두 점의 그림 덕에 서양예술사에 이름을 올리게 되었다. 두 그림 모두 발가벗은 여인이 문제였다.

당시 프랑스에서 화가로 유명해질 수 있는 방법 중의 하나는 자신의 그림을 '살롱전'에 출품해서 당선되는 것이었다. 마네는 1863년『풀밭 위의 점심』을 살롱전에 출품했다. 비록 살롱전에서는 당선되지 못했지만, 낙선한 작품들을 모아 따로 열린 전시회에서 이 그림이 수많은 사람들의 비난의 대상이 되면서 그의 이름이 알려지게 되었다.

마네는 '그림이란 이렇게 그려야 한다.'는 기존의 정해진 규칙과 방식에서 벗어나 자기만의 방식으로, 말하자면 마음대로 이 그림을 그렸다. 연못에서 목욕을 막 끝낸 듯한 뒤쪽의 여인을 보면, 전통적인 방식의 원근

법이 전혀 적용되지 않아 그 크기나 거리감에서 낯선 느낌이 여실히 느껴진다. 기존의 전통적인 회화 규범을 무시하고 그린 그림은 당시의 감상자들에겐 굉장히 낯설고 어색한 것이었다. 인상주의를 정의내리기 위한 특징들은 여러 가지가 있지만, 그 중 하나가 회화의 전통적인 관습에서 벗어나 새로운 방식으로 그림을 그린다는 점이다. 그래서 종래의 회화에 길들여진 당시 관객들은 신선한 충격을 받아 '인상적'인 느낌을 받았다. 마네가 『풀밭 위의 점심』을 발표했을 때는 아직 인상주의가 하나의 사조로 자리 잡기 전이었기 때문에 종래와 다른 그림의 형식적 요소에 대한 비난이 있을 수밖에 없었다.

한편, 그림 앞 쪽 세 명의 모습 또한 관람자로 하여금 불편함을 느끼게 할 소지가 다분했다. 두 남성은 옷차림으로 보아 당시의 상류층 남성들임이 분명한데, 풀밭위의 '점심'이라는 제목이 무색할 만큼 음식을 담은 바구니는 내팽겨쳐진 상태로 나체의 여인과 앉아있는 남성들의 모습이 누가 보아도 부적절한 상황에 대한 묘사다. 그 여자는 고개를 돌린 채 관람자를 똑바로 응시하고 있는데, 당시의 상류층 남성들은 그림을 관람하면서 이 여인과 눈을 마주치고는, 자신들의 과거 행적에 대한 일종의 양심의 가책과 찔림을 느꼈을 것이다.

결과적으로 이 그림은 인상주의의 시초인 마네가 기존의 회화 양식으로부터 벗어난 새로운 방식으로 그렸다는 점과 상류층 남성들의 위선을 비꼬는 듯한 상황 묘사, 두 가지 요소로 많은 비난과 관심을 한 몸에 받았다.

여기서 끝이 아니다. 2년 후 발표한 『올랭피아』라는 작품은 『풀밭 위의 점심』보다 더한 질타를 받았다. 그림을 향한 대중의 분노가 얼마나 심했던지 훼손을 막기 위해 관람객의 손이 닿지 않는 높은 곳에 그림을 걸어두고 전시했을 정도였다.

작품의 제목인 『올랭피아』는 당시 파리에서 누구나 알만큼 유명했던 연극 속에 등장하는 창녀의 이름이다. 따라서 벌거벗고 누워있는 그녀의 모습과 '올랭피아'라는 작품의 제목에서부터 관객들은 이미 그녀가 매춘부임을 파악할 수 있었다.

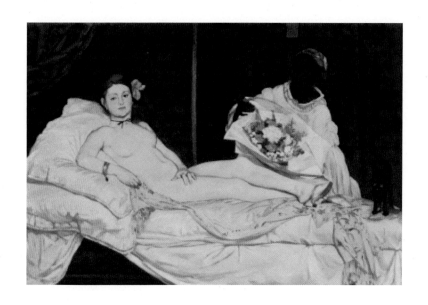

그림 속 여자는 누운 것도, 앉은 것도 아닌 자세로 부끄럼 없이 당당하게 관객을 바라본다. 그녀의 표정은 이미 현실세계의 모든 것을 알고 있다는 듯 무덤덤해 보인다. 귀에 꽂은 꽃과 목걸이, 팔찌 등은 모두 당시의 매춘 여성들을 상징하는 오브제이며, 여자의 발아래에 보이는 고양이는 이전부터 서양화에서 타락과 성욕을 뜻하는 대상물이었다. 치켜세운 꼬리에서 그 성적 욕구의 표현이 극대화된다. 흑인 여성은 당시 매춘 여성들을 시중들던 하녀인데, 여인을 쳐다보는 눈빛이 마치 그녀의 몸을 탐하는 남성들의 시선을 대변하는 듯하다.

누워있는 나체의 여인이 등장하는 그림은 16세기 조르조네의 그림『잠자는 비너스』로부터 시작됐다. 엄격한 기독교 교리가 세상을 지배하던 중세시대에는 여성 누드화라는 그림 자체가 용인되지 않았지만, 15세기 이후

르네상스의 영향으로 표현의 자유가 생기고 이전에 비해 모든 것을 인간 중심적으로 생각하게 되면서 화가들은 신을 마치 사람처럼 표현하기 시작했다. 조르조네는 그 르네상스의 영향으로 감히 여신인 비너스를 인간 여성의 누드화처럼 그려낼 수 있었던 것이다. 이후 티치아노의 『우르비노의 비너스』를 포함해 벨라스케스의 『거울을 보는 비너스』, 고야의 『벌거벗은 마야』, 앵그르의 『그랑드 오달리스크』 등 조르조네의 『잠자는 비너스』를 모작한 여성 누드화는 서양미술사에서 많은 화가들이 그려온 전통이었다.

그 전통 있는 계보의 끝에서 마네는 신화 속 여신을 현실의 창녀로 바꿔버렸다. 조르조네의 그림은 어디까지나 인간 여자의 육체가 아니라 여신을 그린 그림이었다. 따라서 관객은 신성하고 고귀한 여신의 몸이 예술로 표현된 것을 감상한다는 편안한 마음을 가질 수 있었다. 하지만 마네의 『올랭피아』에서, 더 이상 고전적이고 이상적인 모습의 여신은 없다. 눈을 감은 채 잠을 자던 여신의 모습은 관객을 똑바로 쳐다보는 현실세계의 창녀가 되었다. 그것은 당시 사회가 가장 숨기고 싶은 치부였고, 그녀와 눈을 마주친 남성들은 당혹감을 감추지 못했다. 마네가 신화라는 가면을 벗겨내자, 그곳에는 여체를 향한 사람들의 욕망만이 남았다.

2.2 따뜻함이 감도는 그림들, 르누아르

르누아르의 그림을 몇 점만 보면, 미술관에서 그의 작품을 마주했을 때 '아, 이건 르누아르의 그림이구나' 하고 쉽게 알게 된다. 그의 그림에는 하나같이 따뜻한 기운이 감돈다. 르누아르의 그림들은 마치 꿈속에서 보는 듯 몽환적이고 부드럽다. 그림 속 인물들의 표정에서는 행복이 묻어난다. 그림 속 인물들과 달리, 정작 르누아르 자신은 많은 인상주의 화가들이 그랬듯 가난하고 불행한 삶을 살았다. 지금과 달리, 인상주의라는 미술 사조가 생겨난 지 얼마 안 된 초기에는 인상주의 그림들이 대중들로부터 인정받지 못했기 때문이다. 하지만 그는 자신의 그림에 불행이나 우울 같은 부정적인 감정들을 표현하지 않았다. 르누아르의 그림 대부분에는 여성이 등장한다. 르누아르가 '세상에 여자가 없었다면 나는 화가가 되지 않았을 것이다.'라고 말했다는 일화도 있다.

오르세 미술관에서 볼 수 있는 그의 그림 중 대표적인 것으로는 『물랭 드 라 갈레트의 무도회』와 『피아노 치는 소녀들』을 꼽을 수 있다. 한 두 명의 소수의 인물들이 등장하는 다른 그림들과 다르게, 아래 왼쪽의 『물랭 드 라 갈레트의 무도회』에는 많은 사람들이 보인다. 모두들 행복한 모습으로 즐겁게 춤을 추고 있다. 나의 한 지인은 '이 그림을 가만히 보고 있으면 힘들고 슬픈 감정이 사라지고 어느새 행복해진다.'는 말을 한 적이 있다. 나는 그 말이 이 그림의 의미를 가장 잘 표현해준다고 생각한다. 밝은 야외에서 춤추고 이야기하며 즐거워하는 사람들의 모습을 보면 어느새 마음속에 행복이 깃드는 것 같다. 경쾌하고 가벼운 무도회의 분위기가 느껴져 즐거워지기도 한다.

오른쪽의 『피아노 치는 소녀들』은 말 그대로 전형적인 르누아르의 그림이라 할 수 있다. 두 소녀의 부드러운 피부와 찰랑이는 머릿결이 돋보인다. 사이좋게 피아노를 치고 있는 모습에서는 따뜻함과 평온함이 느껴지고, 어린 시절 피아노를 배우던 때가 생각나기도 한다.

2.3 19세기 파리지앵의 모습, 드가

19세기 파리의 모습을 보려면 당시 활동했던 여러 화가들의 그림을 보면 되지만, 파리 사람들의 모습을 보려면 드가의 그림을 봐야한다는 말이 있다. 파리에서 19세기 말은 산업화가 진행되며 계층 간 격차가 벌어지던 시기였다. 그러한 시대적 상황 속에서 드가는 사람들 사이의 부조화와 단절, 긴장감, 외로움과 고독함, 사회의 부조리 등을 예리하게 포착해 이것을 그림에 담아냈다.

『발레 수업』, 『푸른 옷을 입은 발레리나들』, 『계단을 오르는 발레리나들』 등 오르세 미술관에는 드가의 그림들 중 발레하는 여성 무용수들의 그림이 유난히 많이 보인다. 그것도 공연 중인 그림보다는, 발레 교실이나 무대 뒤편 등을 배경으로 한 무용수들의 모습이 대부분이다. 무용수들의 얼굴은 자세하게 묘사되어 있지 않아 표정과 기분 등이 전혀 느껴지지 않는다. 이처럼 드가는 무대 위의 '공연' 자체보다는 '무대 뒤편'을 작품의 배경으로 삼았다. 관객들은 무대 뒤편에서 어떤 일이 일어나는지 알 수 없다. 그는 '사회의 이면'이라는 요소를 무대 뒤편이라는 공간을 통해 상징적으로 나타냈다. 당시의 무용수들은 생계유지를 위해 남성들에게 몸을 파는 경우가 흔히 있었다고 하는데, 드가는 무대 뒤 발레리나들의 모습을 통해 보이지 않는 사회 이면의 부조리를 표현하고자 했다.

그가 작품을 통해 드러내려 했던 사람들 사이의 단절과 부조화가 가장 극적으로 표현된 작품은 『압생트 한 잔』이다.

그림을 보는 순간 모든 것이 이해된다. 심술궂은 표정으로 파이프를 문 채 밖을 쳐다보고 있는 남자의 표정에서는 옆자리 여자에 대한 일말의 관심이나 친밀감도 느껴지지 않는다. 기운 없이 어깨를 축 늘어뜨린 여자의 표정을 보는 순간 가슴이 먹먹해진다. 형용할 수 없을 만큼 슬프고 처량한 표정이다. 한없이 멀게만 느껴지는 두 남녀. 마치 사이에 벽을 둔 듯하다. 그들의 복장 색은 흑백으로 대조를 이루며 둘 사이의 거리감을 더욱 고조시킨다. 분명 가까이 붙어 앉은 두 사람인데, 표정과 시선만으로 이 정도의 괴리감이 느껴진다는 게 놀랍기만 하다. 공허한 침묵 속 압생트 술 한 잔. 무슨 설명이 더 필요할까?

『벨렐리 가족』도 비슷한 분위기의 작품이다. 그림을 보는 순간 가족들 사이의 단절감과 냉기가 피부로 와 닿는다. 마치 공포영화 포스터를 보는 듯 섬뜩하기까지 하다. 차가운 표정으로 화면 오른편을 응시하고 있는 어머니의 얼굴에서는 어떠한 감정도 느껴지지 않는다. 두 소녀는 시선과 위치로 미루어보아 왼쪽 소녀와 어머니, 오른쪽 소녀와 아버지로 분열되었음을 짐작할 수 있다.

3_ 퐁피두 현대미술관

파리에서 가장 아름다운 건축물 중의 하나인 파리시청사에서 센 강 반대편으로 조금만 걸어 들어가면, 조금 전에 봤던 시청사와는 너무나 다른 괴물 같은 모습의 건축물을 마주하게 된다. 고풍스러운 파리의 분위기와 좀처럼 어울리지 않는 그 건물의 정체는 퐁피두 센터. 국립 현대미술관은 바로 이 건물 안에 있다. 검은색의 건물 외벽에 각종 하수관과 전기 배선, 철골 구조물 등이 그대로 드러나 있어 처음 보면 좀 낯설고 이상하지만, 곧 현대 미술관이 자리한 건물다운 특색과 독창성이 느껴지기도 한다. 어쩌면 파격적이고 난해한 현대 미술을 담아낼 공간으로서 더없이 알맞은 모습일지도 모르겠다.

퐁피두 센터는 1960년대 프랑스의 대통령이었던 조르주 퐁피두가 지은 건물이다. 당시에도 파리는 예술의 도시라는 영예로운 타이틀을 갖고 있긴 했지만, 런던이나 뉴욕 등 도시들이 파리의 위상을 위협하고 있는 실정이었다. 이에 퐁피두 대통령은 파리에 새로운 예술적 활력을 불어넣기 위해 이 건물을 지었고, 완공 이후 파리의 복합 문화공간으로서 많은 예술 애호가들을 끌어들이고 있다.

19세기 이전까지의 오래된 작품들이 루브르에, 19세기경의 인상주의를 주로 한 작품들이 오르세와 오랑주리 미술관에 있다면, 19세기 이후의 현대 작품들은 바로 이 곳 퐁피두 센터의 국립 현대미술관에 있다. 따라서 비교적 최근에 작고한 작가들 및 아직 살아있는 작가들의 현대 미술작품들을 볼 수 있다. 센터 입구 앞의 광장에 삼삼오오 눕거나 앉아있는 사람들과 그 주변의 그림 그리는 화가들, 노천카페에서 여유로운 시간을 보내는 사람들의 모습이 인상적이었다.

3.1 난감한 퐁피두

미술관 안으로 들어가 본격적으로 관람을 시작했다. 어느 정도 예상은 했지만, 사실 입장 초반에는 당황스럽고 난감하기 그지없었다. 대체 무슨 생각으로 이런 작품을 만든 걸까, 이걸 통해 나타내고자 하는 게 뭘까 하는 의문밖에 들지 않았다. 그도 그럴 것이 지금껏 루브르나 오르세, 오랑주리 미술관에서 봤던 회화 작품들과는 너무 달랐기 때문이다. 어느 것 하나 평범한 것이 없었다. 박혀있는 못 위에 망치가 걸려 있는 작품이 있는가하면, 정체모를 동그란 형체에 마치 딸기의 씨 같은 구멍들이 콕콕 뚫려있는 작품도 있었고, 아예 단색의 파란색으로 색칠만 되어있는 사각형 그림(?)도 있었다. 그 밖에 도무지 의미를 알 수 없는 각종 크고 작은 조형물들과 난해한 그림들이 많았다.

현대 미술에 대한 사람들의 의견은 분분하다. 이런 게 어떻게 예술이냐며 비꼬는 사람들도 있고, 형식에 얽매이지 않는 현대미술의 다양함과 자유분방함을 좋아하는 사람들도 있다. 이것을 예술로 볼지, 예술의 가면을

쓴 장난질로 볼지에 대한 논쟁에 사실상 정답은 없다. 사람마다 모두 생각이 다르기 때문이다. '예술'에 대한 정의 자체가 모호하며, 무엇이 예술인지 정확한 기준을 세우는 것도 사실상 불가능하다. 그래서 어떤 사람들은 현대 미술의 의미가 '도대체 어디까지를 예술의 영역으로 볼 것인가'에 대한 질문을 던지는 것에 있다고 말하기도 한다. 훌륭한 현대 미술 작품도 많지만, 도를 지나칠 정도로 황당하고 허무맹랑한 작품들이 많은 것도 사실이기 때문이다.

나는 현대 미술을 예술로 인정할 것인가 인정하지 않을 것인가에 대한 결정은 개개인의 몫이라고 생각한다. 마치 종교를 믿는 사람도 있고 믿지 않는 사람도 있는 것처럼. 기본적으로 나는 예술작품에는 나름의 의미와 철학이 담겨 있다고 생각하고 그것을 존중한다. 작품을 통해 예술가가 표현하고자 하는 바가 분명 존재할 것이며, 현대 미술에서는 그런 것들이 조금 이해하기 어려운 방식으로 표현되기도 한다고 생각한다. 하지만 모든 현대 미술품이 나름의 의미와 가치를 지닌, '예술작품'이라고 생각하지는 않는다. 계속해서 새롭고 참신한 아이디어를 요구당해서인지, 상식적으로 도저히 납득할 수 없는 작품들이 많이 나오고 있는 것도 사실이다.

퐁피두 현대미술관에서도, 나는 미술관에 있는 4시간여 동안 내 나름의 방식으로 작품의 의미를 찾아보려고 부단히 노력하고 고민했고, 실제로 몇몇 작품에서는 그럴 듯한 의미를 느껴보기도 했다. 하지만 정말 솔직하게, 과연 이 모든 것들이 다 의미가 있는 걸까, 예술 작품이라기엔 좀 억지가 아닐까 하는 생각이 들기도 했다. 금, 은, 다이아몬드 같은 여러 값비싼 보석들도 사실 자연 상태에서는 한낱 돌일 뿐인 것처럼, 가치라는 건 결국 인간에 의해 만들어진 관념이 아닌가? 어쩌면 몇몇 현대 미술품들은 자본주의 체제에서 돈과 연관돼 인간에 의해 가치가 만들어져 거래되는 물건이 아닐까 하는 생각이 들었다. 누군가가 예술이라는 명목으로 그럴듯한 재주를 부리고, 그것에 대중과 평론가가 나름의 의미를 부여하며, 그렇게 가치가 매겨져 미술시장에서 거래된다면, 과연 우리가 허무맹랑한 작품들의 터무니없는 가격을 모두 인정해야 하는 걸까?

물론 모든 작품들을 이런 시선으로 바라본 것은 아니며, 단지 이곳이 현대 미술관이고, 그만큼 난해한 작품들이 많다 보니 자연스럽게 이런 생각들이 느껴지는 부분이 있었고, 그것에 대해서 솔직하게 말하고 싶었을 뿐이다. 사람마다 생각은 다를 수 있으며, 다양한 생각은 사고의 지평을 넓혀주니까. 도대체 어디까지를 예술로 인정해야 하는가, 어디까지가 예술의 영역인가 하는 문제에 정답은 없다. 각자의 생각과 해석이 있을 뿐이다.

3.2 추상화의 길을 열다

퐁피두 현대미술관에는 『노랑 빨강 파랑』을 비롯한 바실리 칸딘스키의 작품들이 여러 점 전시되어 있다. 대학에서 경제학과 법학을 공부하던 그가 화가가 되기로 결심한 것은 30세 때였다. 다른 화가들보다는 시작이 좀 늦은 편인데, 그래서 그런지 칸딘스키에게 흥미와 관심이 더 느껴진다. 늦었다고 생각될 수도 있는 시기에 평범하지 않은 길로 간다는 것은 큰 용기가 필요한 일이니까.

그는 모스크바에서 열린 인상주의 전시회에 갔다가 모네의 건초더미 연작 그림을 보고 큰 충격을 받았다. 시간에 따라 달라지는 빛에 의해 같은 사물이라도 다른 색을 띄고 다른 모습으로 보인다는 것이 큰 매력으로 다가왔고, 예전부터 화가가 되고 싶었던 그는 여기서 화가가 되기로 결심한다. 그래서 칸딘스키의 초기 작품들은 인상주의 풍으로 그려진 것이 많다. 인상주의에 감명 받아 화가가 되고, 인상주의 화풍을 추구하던 그가 추상화라는 새로운 길을 열게 된 건, 재미있게도 어느 날 우연히 마주한 자신의 그림 때문이었다.

어느 날 외출을 갔다 집으로 돌아온 칸딘스키는 문을 열자마자 눈에 들어온 어떤 그림의 모습에 깜짝 놀랐다. 그 그림이 이전까지 자신이 한 번도 느껴본 적 없는 독창적이고 새로운 이미지였기 때문이다. 그는 홀린 듯 그림 가까이로 다가갔는데, 알고 보니 그것은 전날 밤 자신이 그리다 실수로 거꾸로 세워둔 그림이었다. 똑바로 놓고 보던 그림이 거꾸로 놓이니 전혀 다른 느낌의 새로운 그림으로 보였던 것이다. 여기서 칸딘스키는 깨달았다. 그림 속 대상들이 기존의 익숙한 형태와 틀에서 벗어나면 새로운 시각적 효과를 가진다는 것을. 이때부터 그는 어떤 대상이나 물체를 눈에 보이는 대로 그리는 것을 멈추고 선과 면, 색채만으로 추상적인 그림을 그리기 시작했다. 그는 사실적인 형태의 재현 없이도 색채와 선만으로도 충분히 아름다움을 표현할 수 있다고 믿었다.

칸딘스키가 처음 이러한 방식으로 그림을 그렸을 때, 사람들은 그의 그림을 이해하지 못했다. 기존의 회화에서 인물은 누가 보아도 사람처럼 그려졌고, 강은 누가 보아도 강처럼 보였다. 사과는 사과처럼 보였고, 다른 모든 사물들도 고유의 형태대로, 알아볼 수 있게 그려졌다. 하지만 칸딘스키의 추상화에는 무엇이 그려져 있는지 알 수 없다. 그것은 색채와 선, 도형들로만 구성된 추상적인 이미지이기 때문이다. 감상자는 그 이미지가 주는 시각적인 느낌을 자신의 주관과 상상력을 통해 각자의 방식으로 받아들인다.

정해진 형태는 사물을 일정한 틀 속에 속박시키지만, 구체성의 결여는 모든 형상에 해방감을 부여한다. 그래서 추상적인 이미지는 보는 사람에 따라 다르게 해석될 수 있는 무한한 가능성과 잠재력을 가진다. 이것은 마치 답이 정해져 있듯 모든 대상이 고유의 형태대로 그려진 기존의 그림에서는 경험할 수 없었던 효과다. 바로 이것이 추상화가 미술사에서 가지는 의의다.

풍피두 현대미술관에서는 칸딘스키의 작품을 여러 점 만나볼 수 있는데, 그 중 가장 대표적인 작품은 『노랑 빨강 파랑』이다. 칸딘스키의 추상화답게 의미를 알 수 없는 각종 도형과 선으로 구성되어 있으며, 작품의 이름처럼 화면의 왼쪽부터 차례로 노랑, 빨강, 파랑의 색채가 배치되어 있다. 이 그림의 가장 중요한 포인트는 바로 화면 전체를 아우르는 조화와 균형이다. 기본적으로 그림의 왼편은 직선을 위주로, 오른편은 곡선을 위주로 그려졌지만, 직선 위주의 왼편에도 곡선이, 곡선 위주의 오른편에도 직선이 적당히 배치되어 어느 한 쪽에 치우침 없는 안정감이 느껴진다. 또한 노랑, 빨강, 파랑은 흔히 색의 삼원색이라 불리는 색들로, 가장 기본적이고 원초적인 색감이다. 이 세 가지 색의 조합으로 구성된 화면에서는 자연스럽게 색상들 간의 조화로움이 느껴진다. 어쩌면 칸딘스키는 이 작품을 통해 우주의 기본 성질인 조화와 균형을 표현하고 싶었던 게 아닐까? 그가 1차 세계대전을 겪고 사회주의와 자본주의 이념 간의 대립이 시작된 후인 1925년에 이 작품을 그렸다는 것을 감안하면, 충분히 일리 있는 해석이라고 생각한다. 물론 추상화에 정해진 답은 없다.

4_ 아를에 온 고흐

4.1 고흐와의 첫 만남

서양 미술의 거장이라는 단어를 들으면 피카소, 반 고흐, 마티스, 샤갈 등 사람마다 각자 다른 인물을 떠올릴 것이다. 이들은 당시 수많은 예술가들 중에서도 돋보이는 재능을 갖고 있었다. 이들이 남긴 작품은 현재 대부분 높은 가치를 지니고 있고, 이런 작품을 남긴 화가들은 종종 교과서에 언급될 정도로 저명한 화가로 여겨지고 있다. 이들은 아마추어에서 거장으로 성장하기까지 각자 다른 인생을 살았다.

이 작품 저 작품을 비교하듯 이 거장과 저 거장의 인생을 비교하다 보면 흥미로운 점들이 찾아진다. 그 중 한 가지는 화려함 뒤에 숨어있는 비극이다. 이들의 작품들이 교과서에 실려 있고 또 손꼽히는 미술관에 전시되어 있다는 사실 때문에 그들의 인생이 화려할 것 같지만, 알고 보면 그렇지 않다. 그래서 이제 화려함 속에 숨은 이야기를 들어보려 한다. 겉으로 드러난 것 이면에 무언가 반전이 존재하지 않을까 하는 지적인 호기심으로 그 포장을 조금만 들춰 보면, 그 화려함 속에 비극과 희극이 가득하다는 것을 알 수 있다.

해가 뜨기 전 새벽이 가장 어둡다고 한다. 그런 새벽을 보고 있으면 반 고흐가 가장 먼저 떠오른다. 그의 인생은 암흑 속에 잠긴 새벽과 같았다. 깜깜해서 앞이 보이지 않아 어디로 나아가야 할지도 불투명하고 춥고 외로운 느낌을 들게 만드는 그런 새벽 말이다. 고흐라는 인물에 대해 흥미를 가지기 전에는 '전 세계에서 내로라하는 미술관에 작품을 전시할 정도로 이름 날리는 대단한 화가'라는 틀 속에 그를 가뒀었다. 하지만 그에 대한 흥미를 갖기 시작하면서 그 틀을 부서보려고 시도했고 생각했던 것보다 더 큰 틀을 부숴버렸다.

내가 고흐에게 흥미를 갖게 된 계기는 그의 생애를 다루는 '러빙 빈센트'라는 영화였다. 기존의 애니메이션 영화가 모든 장면을 컴퓨터 그래픽으로 구성해 만화를 보는 것 같은 느낌을 받게 했다면, '러빙 빈센트'는 마치 고흐가 그린 듯한 유화로 구성되어 약 95분의 러닝 타임동안 고흐의 작품을 감상한 것 같은 느낌이 들게 했다. 영화의 테크닉과 기획도 참 흥미로웠지만 그보다 재미를 더 돋우는 것은 고흐라는 인물이었다. 대단함과 화려함으로 포장된 고흐는 영화 속에서 전혀 찾아볼 수 없었다. 옆에 있었다면 위로해주고 싶을 만큼 그가 외로운 사람이었다는 사실과 이럴 수 있나 싶을 정도로 끝없는 불운과 어두운 미래에서 끝내 벗어나지 못했다는 사실을 마주하고 나자, 오히려 그의 비극을 덮기에 그의 화려함은 턱없이 부족해 보였다. 화려함이라는 틀을 깨버리자 많은 것들이 보이기 시작했다.

고흐라는 인물과 그가 남긴 작품들을 보고 있으면 참 재미있다. 다양하게 해석될 여지가 있기 때문이다. 그의 죽음과 정신세계는 아직 미스터리로 남아있다. 고흐는 자신이 느낀 감정과 겪은 상황 등 그의 주관적이고 추상적인 모든 생각을 녹여 내어 그림이라는 하나의 가시적 형태로 나타냈다. 그래서인지 그의 작품에서 보이지 않는 것을 해석해 내는 것은 마치 어린 시절 숨바꼭질 놀이에서 숨은 아이를 찾는 술래만큼 재미있었다.

그렇게 나는 인상주의 미술의 매력에 빠지게 되었다. 인상주의 미술을 싫어하던 나에겐 엄청난 변화였다.

나는 한때 어리석은 생각에 빠져 살았던 것 같다. 그림은 좋아했지만 미술의 '미' 자도 모르던 시기엔 인상주의 미술을 싫어했었다. 아름다움은 곧 자연스러움에서 나오는 것이고, 자연스러움은 곧 진실한 모습, 즉 사실적인 모습에서 나온다는 생각을 갖고 있었기 때문이다. 나는 사실이 아닌 느낌에 초점이 맞춰진 그림들은 화가의 주관이 많이 개입되어 있다고 여겨졌고, 그래서 또 항상 난해했다. 그리고 보이는 것과 주제가 달라 이해할 수 없다는 것도, 다양한 해석이 존재한다는 것도 항상 불만스러웠다. 그 중에서도 특히 인상주의 미술은 대상을 의도적으로 왜곡해 묘사함으로써 자연스러움에서 멀어지고 주제까지 불분명하게 만든다는 생각이 들었다. 그래서 사실주의 미술을 볼 땐 종종 희열이나 전율을 느끼는 반면 인상주의 작품은 오래 서서 진지하게 본 적이 없었던 것 같다. 하지만 이러한 나의 보수적인 생각은 세상을 색안경을 낀 채로 바라보게 만들고 있었을 뿐이라는 것을 고흐라는 인물을 통해 알게 된 것이다.

우리가 흔히 영화를 비롯한 여러 미디어에서 슬픈 장면을 보고 몰입해 울컥하는 감정을 느끼거나 기쁜 장면을 보고 나도 웃음이 나는 것은 그런 장면들이 우리가 가진 공감 능력을 자극하기 때문일 것이다. 직접적으로 전달되는 말이나 행동만이 사람들의 공감을 불러일으키는 것은 아니다. 때로는 간접적인 글, 음악, 미술 등 예술도 감정 이입을 유발하고 공감을 불러일으킨다. 나를 위한 작품이 아닐지라도 말이다. 다만 글, 음악, 미술은 그것을 수동적으로 받아들이는 것이 아니라 능동적으로 받아들이려고 해야 한다. 예를 들어 인상주의 미술을 볼 때 눈에 보이는 색깔 화법만 받아들이는 수동적인 태도가 아니라 화가의 감정과 생각을 알고자하는 능동적인 마음으로 봐야 한다는 것이다. 물론 말이 쉽지 누군가의 감정과 생각을 읽는 것이 어렵듯, 능동적인 태도로 작품을 본다는 것은 수동적인 태도로 감상하는 것보다 과정이 길고 어렵다는 것은 사실이다. 다만 능동적인 태도로 미술을 받아들이게 된다면 다른 사람이 세상을 바라보는 시선을 보고 느끼면서 내가 세상을 바라보는 시야도 넓어질 것이다.

고흐는 파리, 아를 등 새로운 장소에서 낯선 사람들을 접하고 당시 유행하던 방식과 다른 화법으로 그림을 그렸다. 그리고 그 화법도 계속해서 변해왔다. 그의 화법이 달라진 만큼 그의 인생에도 많은 변화가 있었다는 것이다. 내가 보기에 고흐의 변화는 아를에서 시작되었기 때문에 '아를 이전' 그리고 '아를에 머물던 시기부터 그의 죽음까지', 이렇게 크게 두 시기로 나눠 이야기하려 한다.

4.2 아를 이전

예술가라 하면 어린 시절부터 예술에 노출된 환경에서 자랐을 것이라는 인식이 많다. 하지만 고흐는 그렇지 않았다. 네덜란드에서 태어나고 유년 시절을 보낸 고흐는 목사였던 아버지를 본받아 대학 신학부를 졸업하고 전도사가 되려고 했다. 그는 성경 공부와 설교 활동을 열심히 했지만 영재능이 없었는지 암스테르담 대학 신학부에 떨어지고 전도사로서의 자질도 인정받지 못해 평신도로서의 활동만 허락받았다. 고흐는 집안 형편 상넉넉한 경제적 지원을 받을 수 없었기 때문에 전도사 공부를 하면서 화랑에서 그림 파는 일을 했다. 하지만 무엇인가를 파는 것에도 재능이 없었는지 화랑에서 해고된다. 낙방과 실직에 좌절할 만도 한데, 그는 오히려 자신의 경험을 살려 지금까지와는 다른 길을 걷겠다는 결심을 한다.

그간 그림을 팔면서 접해 왔던 작품들과 습작들이 고흐를 미술의 길로 인도한다. 고흐가 본격적으로 작품 활동을 시작한 것은 1883년부터였다. 당시 네덜란드뿐 아니라 유럽 대부분의 국가들은 18세기 말부터 시작된 정치적 격동으로 인해 혁명이 발발하던 시기에 있어 사회적으로 매우 불안정했었다. 불안정안 나라에서 국민들의 안정적인 삶이 보장될 리가 있겠는가? 특히나 힘없고 보호받지 못하는 하층민들의 삶은 더더욱 힘들었을 시기이다. 당시 고흐는 그런 하층민들의 삶을 자주 보고 접해서인지 이를 모티프로 삼았고 비극적인 삶을 나타내기 위해 주로 어두운 색채를 이용한 그림을 그렸다. 『감자 먹는 사람들』, 『신발』등을 보면 색채가 많이 다르다는 것을 한 눈에 확인할 수 있다.

고흐가 미술을 시작한 나이는 28세였다. 예술을 시작하기엔 늦다고 생

[감자 먹는 사람들]　　　　　　　[신발]

각될 수도 있는 나이였지만 그는 대담하게 미술에 뛰어들었다. 하지만 전문적으로 훈련한 경험이 없었던 터라 기초가 많이 부족했었다. 그렇다고 예술학교에 들어가거나 전문적으로 배울 수 있을 만큼 경제적으로 넉넉하지도 못했다. 결국 그는 파리에 가서 도움을 받기로 결심한다. 파리는 많은 예술가들이 활동하는 장소였으며 자신을 경제적으로 지원해 줄 수 있는 남동생 테오가 살고 있는 곳이기도 했기 때문이다. 이뿐 아니라 파리에는 고흐의 외사촌 안톤 모베가 화가로 활동하고 있었기 때문에 그에게 부탁해 배움의 기회를 얻을 수 있었다.

한창 배움의 길을 걷던 고흐는 문득 자신이 오랫동안 꿈꿔왔던 꿈이 생각났고 그 꿈을 실현하고자 했다. 그 꿈은 가난한 예술가들과 함께 지내며 공동 작업을 하는 것이었다. 당시 파리는 모네, 툴루즈, 시냐크, 베르나르드, 마네 등 예술의 거장이 활동하고 있던 곳이었기 때문에 많은 예술인들에게 이곳은 예술과 관련된 모든 것이 시작될 뿐 아니라 완성되는 종착지이기도 하다고 여겨졌다. 하지만 고흐는 그렇게 여기지 않았다. 다른 많은 예술가들에게는 파리가 종착지였을지 몰라도 고흐에게는 단지 시발점이었고, 동시에 공동 작업을 함께 할 사람을 찾기 위한 장소 정도일 뿐이었다.

꿈을 이루기 위한 과정에는 많은 노력이 필요하고 고통과 시련이 따르기 마련이다. 다른 화가들에게 공동 작업을 제안하기 위해서는 먼저 자신의 입지가 어느 정도 다져져 있어야 했는데 고흐는 그렇지 못했다. 출품을 위해 많은 도전을 시도했으나 그의 작품은 항상 낙선했다. 그의 그림은 대부분 어두웠고 당시 유행하던 그림들과 많이 달랐기 때문에 언제나 혹평을 듣곤 했다. 출품하지 못하고 혹평을 받은 작품은 당연히 팔리지도 않았다. 그래도 그는 포기하지 않았다. 자신이 자주 방문하던 술집 주인에게 부탁해 자신의 그림을 걸게 한다. 하지만 그러한 시도조차 좋은 결과로 이어지지 못했다. 계속되는 절망에 신도 안쓰러웠는지 한 줄기의 빛을 내려줬다. 바로 고갱이었다.

우연히 고갱은 고흐가 자주 가던 술집에서 그곳에 걸려있는 고흐의 작품들을 본다. 그 모습을 본 고흐는 공동 작업을 위해 어떻게든 고갱을 설득하려 한다. 고갱은 고흐의 요청을 받아들이고 마침내 고흐의 꿈이 이루어진다. 그렇게 둘의 공동 작업이 성사된 것이다.

4.2 아를 이후

고갱보다 먼저 아를에 먼저 도착한 고흐는 드디어 오랜 꿈을 이룰 수 있다는 생각에 들떠서 고갱을 위해 이것저것 준비하려고 한다. 언젠가 파리에서 고갱이 어두운 색채를 주로 사용했던 고흐 작품의 색감을 지적했을 때, 고갱은 자신이 노란색을 좋아한다면서 노란색을 써 보라고 이야기한 적이 있었다고 한다. 그것을 기억한 고흐는 고갱을 위한 첫 번째 선물로 함께할 집을 노란색으로 온통 칠해버린다. 그 집은 물론 고흐의 소유가 아닌 빌린 집이었지만 집주인에게 사정해서 페인트칠을 한 것이었다.

이 장소가 『노란 집』의 배경이 된다. 평소 강렬한 색채를 사용해 명확하게 대조하는 방식으로 그림을 그렸던 고흐는 어느 날 코발트 빛 밤하늘과 노란 집에서 뿜어내는 강한 색감의 대조를 느끼고 이를 모티프로 삼기로 한다. 항상 불안정하고 예민했던 성격 탓에 주위에 사람이 없었던 고흐에게 유일하게 편지를 주고받으며 의지하는 사람이 있었는데, 바로 고흐의 남동생 테오였다. 고흐는 자신의 감정을 그림 외에는 잘 드러내려고 하지 않았지만 테오와 주고받는 편지 속에서는 진솔하게 작품이나 일상에서 보고 느낀 감정들을 공유하곤 했다. 그 편지 중 『노란 집』에 대해 다음과 같이 이야기 한 적이 있었다. "이 그림은 유황색 태양 아래 순수한 코발트 빛 하늘과 집, 그 주변을 그린 것이야. 어려운 모티프지! 그렇기 때문에 오히려 극복하고 싶어. 아무튼 태양 빛 아래의 노란 집들과 청색의 비할 데 없는 산뜻함이란 굉장해. 지면은 완전히 황색이지."

아를 곳곳에는 고흐로드라 불리는 작은 마크가 바닥에 있는데 이를 따라 가면 명화의 배경들을 직접 눈으로 볼 수 있다. 고흐가 극찬했던 노란 집과 밤하늘을 보기 위해 고흐로드를 따라 발걸음을 옮겼고 노란 집에 도착했을 땐 조금 실망했다. 어쩌면 노란 집이 아닌 노란 집이 있었던 장소라고 말하는 것이 정확할 것 같았기 때문이다. 고흐가 살았던 시점으로부터 지금까지 많은 변화를 겪어서인지 그림과 비교할 수 없을 정도로 많은 것들이 변해있어 사실 그의 발자취를 느끼기 힘들었다.

고흐로드

태양과 노란색 하면 어떤 꽃이 떠오를까? 아마 해바라기일 것이다. 강렬한 태양과 노란색을 연상시키는 바로 이 해바라기가 아를에 가장 잘 어울리는 꽃인 것 같다. 고흐는 아를에서 해바라기 그림을 여럿 남겼으니, '해바라기 화가'라 불릴 만도 하다. 그는 해바라기를 '태양처럼 뜨겁고 격정적인 자신의 감정을 대변하는 영혼의 꽃', 즉 열정으로 여겼다고 한다.

첫 번째 선물(노란 집)을 준비하고 만족하던 고흐는 두 번째 선물을 준비한다. 그것은 바로 고갱이 오기 전 허전한 집을 해바라기로 채우는 것이었다. 고흐는 자신이 해바라기를 좋아하는 만큼 고갱 역시 해바라기를 좋아해 줄 것이라고 생각했다. 그래서 고흐는 고갱을 위해 해바라기 그림을 직접 그려 고갱의 방에 걸어두었고 다른 공간들도 해바라기 그림으로 하나둘씩 채우기 시작했다. 그렇게 시간이 흘러 고갱이 노란 집에 도착을 했다. 고흐의 진심이 고갱에게 닿았을까, 고갱은 선물에 호의적인 반응을 보였다고 한다. 고갱의 호의에 고흐는 매우 기뻐했다. 하지만 이 기쁨은 잠시 스쳐지나가는 봄바람 정도에 불과했다. 고흐는 고갱과 서로 좋은 영향을 주고받으며 그림을 그리다 보면 언젠가 인정받는 작품을 그려낼 것이라는 희망을 품었지만 그 희망은 실현되지 못했다.

시작은 그저 찰나의 순간일 뿐 아무리 좋게 시작해도 발을 헛딛는 순간 모든 것이 무너질 수 있다. 그들의 관계도 그랬다. 고갱이 고흐의 작업실에 처음 발을 들였을 때 씻지 않아 몸에서는 악취가 났고 담배 연기가 자욱해 거부감이 들 정도였다고 한다. 고흐와 고갱이 처음엔 호의적인 감정으로 좋은 관계를 이어나갔던 것은 사실이었다. 하지만 가치관과 성격 차이로 갈등이 계속되었고 상황은 좀처럼 호전될 기미가 보이지 않았다.

끝내 지쳐버린 고갱은 고흐를 떠나기로 결심한다. 고흐는 어떻게든 고갱을 붙잡으려 했지만 고갱이 "사실 내가 아를에 온 이유는 네 동생(테오)이 돈을 줬기 때문이다."는 말을 듣고 충격을 받아 더 이상 붙잡지 못한다. 자신의 희망이 무너지는 동시에 소중히 생각했던 사람이 나를 짐 마냥 억지로 떠맡고 있어야 했다는 사실을 알아버렸을 때 정신적 고통을 받지 않을 사람이 있을까?

고흐는 어려서부터 화목한 집안에서 자라지 못했고 끝없는 불행 속에서 살아서인지 항상 정신적으로 불안정한 사람이었다. 때론 그가 자체적인 고립을 선택하는 모습을 보고 외로움을 느끼는 것이 아닌 고독을 즐기는 사람처럼 보일 수도 있지만, 그는 자기 옆에서 자기 점심을 훔쳐 먹는 까마귀를 보고 흐뭇해했다는 말이 있을 정도로 외로운 사람이었다. 이런 사람을 고갱이 떠났으니 그의 정신은 더욱 불안정해졌다. 그러고는 급기야 자신의 귀를 자른다. 이로 인해 그는 생 폴 정신병원에 입원한다.

[파이프를 물고 귀에
붕대를 한 자화상]

고흐로드를 따라 직접 본 생 폴 정신병원은 위치부터 모습까지 모든 것이 의아했다. 내가 갖고 있는 정신병원의 이미지와 매우 달랐기 때문이다. 대개 정신병원은 외진 장소에 위치하기 마련인데 생 폴 정신병원은 아를의 번화가에서 그리 멀지 않았고, 성당이나 고대 극장 등 사람들이 많이 다니는 곳과 가깝게 위치해 있었기 때문에 병원을 찾아 가는 내내 이 길이 맞는지 의문이 들었다. 의문은 병원에 들어서서도 계속되었다. 미디어의 영향인지 몰라도 대부분 사람들에게 정신병원은 칙칙한 회색 건물에 창은 모두 철창으로 막혀있고 외부인의 출입이 자유롭지 않다고 알려져 있다. 하지만 생 폴 정신병원은 전혀 그렇지 않았다. 지나가던 사람에게 이곳이 정신 병원이라고 했을 때 믿기지 않을 만큼 아늑하고 포근한 느낌을 받았고, 병원이라기보다는 요양원 같다는 생각이 들었다.

　처음 입구를 들어섰을 때 나의 눈을 사로잡는 것이 있었다. 바로 정원이었다. 이 정원은 각양각색의 꽃들이 보기 좋게 피어 있었고 푸른 나무들이 울창하게 서있었다. 그리고 주위엔 나비, 벌 등 벌레들이 마치 왈츠를 추듯 날아다녔고 정원 한 가운데에는 시원하게 쏟아지는 분수가 자리잡고 있었다. 분명 무더운 여름인데 따스한 봄인 것 같은 착각이 들게 했다. 고흐가 입원했던 시기와 지금의 풍경은 조금 다르겠지만 고흐는 이 정원을 보고 『병원의 안뜰』을 그리곤 했다. 정원에서 시선을 옮겨 건물을 둘러보니 노란색 벽과 기둥이 정원과 환상적인 조화를 이루는 것 같았다. 항상 정신적으로 불안정했던 고흐가 병원생활을 하며 많이 안정되었다고 하는데 그 이유를 알 것 같았다. 나도 이곳에서 시원하게 쏟아지는 물줄기와 눈을 즐겁게 하는 정원을 보고 있으니 정신이 맑아지는 기분이 들었다. 현재 병원은 갤러리 정도로만 쓰이고 있다.

병원의 안뜰

생 폴 정신병원

맛없는 병원 식단, 무료한 일상, 매일 보는 사람들, 자유를 구속하는 병원 생활은 누구에게나 따분하기 짝이 없고 때로는 괴롭다. 하지만 그는 이러한 상황에서 더 많은 것을 얻었다. 병원 생활을 하면서 정신적 치유를 받았고 외부와 차단되어 오로지 그림에만 집중 할 수 있게 되었다. 그렇게 그는 병원을 배경으로 『아를 병원의 안뜰』, 『아를 병원의 침실』, 『병원의 입구』등 많은 작품을 남겼다.

하지만 그가 언제나 병원 안에서 병원을 배경으로 그림을 그렸던 것은 아니다. 그는 어디로 튈지 모르는 럭비공 같은 사람이었다. 아를의 풍경을 그리고 싶어했던 그는 자주 탈출 소동을 일으켰고 직원들은 그런 고흐 때문에 골머리를 썩었다고 한다. 병원을 탈출한 고흐는 특히나 밤에 론 강을 산책하는 것을 좋아했다. 사실 그가 론 강을 산책하는 것은 병원에 입원하기 이전에도 자주 해왔던 일상이었다. 나도 직접 봤지만 론 강뿐만 아니라 아를의 밤풍경은 밤하늘과 가로등 불빛 그리고 별빛은 급한 사람의 발걸음도 멈추게 하고 감상하게 할 만큼 오묘하고 몽환적인 매력이 있다. 밤이 깊어지면 깊어질수록 더욱 매료시킨다. 고흐는 그런 밤풍경을 그림에 담아 대작을 남긴다. 바로 『별이 빛나는 밤』이다.

[별이 빛나는 밤]

병원 생활에서 잃은 것보다 얻은 것이 더 많았던 고흐는 꽤 많이 호전되었고, 이후 친구였던 화가 카미유 피사로에게 의사 '폴 가셰 박사'를 소개 받는다. 여기서부터 가셰와 고흐의 인연이 시작된다. 폴 가셰는 고흐가 완치됐다는 판정을 받자마자 자신이 거주하는 오베르 쉬르 우아즈라는 곳으로 거처를 옮길 것을 제안했다. 또한 가세는 자신이 고흐의 주치의가 되어주겠다는 조건과 함께 오베르의 작업하기 좋은 환경을 제시하며 설득했다. 고흐는 의사였지만 동시에 그의 후원자였던 가세 박사의 제안을 거절할 이유가 없었고 마침내 아를을 떠나 오베르로 간다. 언제나 새로움은 가슴 벅차고 설렌다. 고흐는 오베르를 마음에 들어 했고 이곳에서 치유된 영혼과 함께 괴로웠던 지난날을 깊이 묻어두고 새출발을 고대했을 것이다.

하지만 오베르는 고흐의 마지막 무대였다. 오베르에서 생활하던 초창기에는 마을 사람들과도 곧 잘 어울리고 좋은날을 보냈다. 하지만 완치된 줄 알았던 그의 정신질환이 재발되며 다시 휘청거리기 시작했다. 위태로운 나날을 보내던 고흐는 겨우 두 달 만에 오베르 들판에서 그림을 그리다가 권총으로 자살을 시도한다. 운수가 좋았다고 해야 할지 모르겠지만 죽음을 피하고 깊은 총상을 입는다. 분명 그의 총상은 치료를 한다면 얼마든지 치유될 수 있는 정도였다. 가세와 테오는 치료할 것을 부탁하지만 그는 그 어떤 치료도 거부하고 죽음을 택한다. 그리고 사흘 후 고흐의 인생은 37년 만에 막을 내리게 된다.

사실 그의 죽음은 미스터리로 남아있다. 권총자살이라고 많이 알려져 있지만 여러 가지 의혹들이 명확하게 풀리지 않았기 때문이다. 그의 총상은 자신에게 스스로 방아쇠를 당겨서 나올 수 없는 부상이었기 때문에 타살이라는 의혹도 있고 우울증으로 인한 자살이 아니라 테오에게 경제적 부담을 주기 싫어서 자살했다는 가설도 있다. 고흐는 죽기 전 마지막으로 "고통은 영원하다(La tritesse durera toujours)"라는 말을 남겼다. 고흐의 죽음이 타살이건 자살이건 간에 그의 인생은 끝없는 고통의 연속이었고 마지막 순간까지 극심한 고통과 함께 눈을 감았다는 것은 분명하다. 만일 고흐의 인생이 고통 없이 순탄했다면 훗날 우리가 알고 있는 고흐의 가치가 그대로일까? 그렇지 않다. 고흐가 미술과 관련된 기본기도 없는 상태에서 8년만에 아마추어에서 프로 화가가 될 수 있었던 것은 그가 고통을 걸림돌이 아닌 디딤돌로 삼았기 때문이다. 그래서 나는 고흐의 영원한 고통에 대해 안타깝다 여기지 않고 오히려 고통이 있었기에 그의 존재가 빛날 수 있었다고 생각한다.

4.4 미술사에서의 고흐

　내가 존경하는 이지영 강사님이 종종 하시는 말씀이 있다. "이 세상 모든 시련은 하늘이 주신 포장지다. 신이 인간에게 큰 선물을 줄 때는 그만큼 큰 포장지에 싸서 준다." 고흐의 포장지는 어느 누구와도 비교할 수 정도로 컸고 비록 살아있을 때 받지는 못했지만 그만큼 선물도 컸다. 고흐가 살아있던 당시엔 불운한 삶을 안고 화가의 길을 계속 걸었지만 재능 있는 화가였음을 여러 번 인정받았음에도 정식으로 돈을 받고 팔았던 작품은 오직 하나밖에 없었다. 심지어 그 그림도 테오의 도움이 없었다면 팔지 못했을 그림이었다. 화가로서 작품을 한 점도 팔지 못한다는 것은 좌절할만한 일이다. 하지만 언제나 진가는 숨기고 싶어도 빛나는 법. 후대에 그의 작품은 엄청나게 유명해지고 부르는 게 값일 정도로 엄청난 값어치를 자랑하며 거래된다. 어떻게 그가 이렇게 유명해질 수 있었을까?

고흐가 살던 시기는 19세기 후반으로 유럽 대부분이 산업사회로 들어서던 때이다. 산업사회의 주요 특징은 기계를 이용한 대량생산이 이루어지며 풍요로운 사회를 만들어낸다는 것이다. 풍요로운 사회라고 포장해서 이야기했지만 모두에게 그렇지는 않았다. 풍요로운 사회의 다른 말은 엄청난 빈부격차이다. 좀 더 현실적으로 이야기하자면 기술과 자본을 갖고 있던 귀족들에겐 물 쓰듯 낭비해도 남는 게 돈이었고 하층민들은 오늘하루를 먹고 사는 것조차 힘들어했던 사회였다. 때문에 귀족들은 넘치는 돈을 사용할만한 곳을 찾다가 예술에 눈을 돌린 것이고 작품들이 사고 팔리는 것이 일종의 유행처럼 변한 것이었다.

사실 고흐의 이미지를 사회성이 결여된 사람처럼 묘사해 테오 외에는 그 누구와도 친하지 않았던 것처럼 기록하는 글과 말이 많다. 그리고 그가 광기를 가진 화가였다고 보는 사람도 많다. 나는 이에 대해서 아니라고 말하고 싶다. 비록 많은 사람들이 그를 광기 서린 사람이라 여겼지만 나는 독기와 열정이 서린 사람이라 말하고 싶다. 당시 세상이 그를 알아보지 못하고 시대에 어울리지 않는 광인이라 여긴 것이지 사후에 조르주 레멘, 마티스 등 그를 통해 영감을 받고 본받아 명성을 떨친 예술가들이 많았다는 것을 미루어보아 그는 분명 시대의 흐름을 앞서가는 선구자였다. 그리고 친구 하나 없는 외톨이도 아니었다. 고흐의 뒤엔 항상 응원하는 사람들이 있었다. 고흐가 사후에 명성을 떨칠 수 있었던 이유도 테오와 친구의 노력이 있었기 때문이었다.

테오는 고흐를 위해서 전시회를 기획한다. 처음엔 파리에 위치한 갤러리에서 전시회를 하려 했지만 작품이 팔리지 않을 것 같다며 거절당하고 만다. 그는 오히려 잘 됐다 생각했고, 사람들에게는 공개하지 않고 오직 친구와 지인에게만 보여주기 위해 자신의 집을 갤러리 삼아 전시회를 개최한다. 테오는 많은 작품을 갖고 있었고 최대한 많은 작품을 전시하고 싶었기 때문에 벽에 여백하나 없이 빽빽하게 작품을 걸어두려 했었다. 그런데 이는 테오의 혼자 힘으로 하기 벅찬 일이었다. 이때 선뜻 나서서 도와준 사람이 있었다.

고흐의 친구 '에밀 베르나르(화가)'였다. 베르나르는 고흐의 죽음을 무척 안타깝게 여겼고 사람들이 고흐를 기억해줬으면 하는 마음에 이런 저런 일들을 한다. 첫 번째로 고흐에 대한 에세이를 쓴다. 베르나르는 예술가들을 다룬 책을 쓰곤 했는데, 거기서 고흐를 극찬하는 한편의 에세이를 써서 세상에 알리려 노력한다. 뿐만 아니라 고흐가 자신에게 선물해준 몇 점 안 되는 작품을 가지고 파리에 위치한 한 갤러리에서 고흐 개인 전시회를 추진한다. 베르나르와 테오의 정성과 노력 덕분인지 파리에서 고흐의 명성은 계속해서 올라갔다. 고흐가 유명해지기 시작하면서 그의 작품을 찾는 곳이 많아지고 많은 갤러리에 작품을 걸 수 있게 된다. 시간이 지나 고흐 수집가가 생길 정도로 그의 작품은 사람들의 사랑을 받기 시작했으며 높은 가격에 거래되기 시작했다. 여기까지가 고흐가 유명해질 수 있었던 이유이다. 이제부터는 시대를 앞섰던 고흐가 미술사에 어떤 한 획을 그었는지 살펴보자.

시대의 흐름에는 언제나 큰 변화의 바람이 찾아온다. 그 바람은 평화를 깨고 혼란과 분열을 일으키기도 한다. 20세기엔 독일의 나치가 세상을 소란스럽게 만들고 있었다. 특히나 히틀러가 정권을 잡으면서 나치즘과 파시즘이 강요됐고 이는 정치에서만 논쟁을 일으킨 것이 아니라 예술, 철학 등 여러 분야에서도 논쟁을 야기한다. 20세기에는 고흐가 여전히 유명세를 타고 있었고 현대예술로서 많은 관심을 받고 있었기 때문에 그의 작품들도 당연 논란의 반열에 서게 된다. 예술에서 논쟁은 크게 두 부류가 각기 다른 주장을 내세웠다. 진보적인 성향이 강했던 모더니스트들은 당시 현대예술이었던 고흐의 작품들을 더욱 세상에 노출시켜야 한다고 주장하며 고흐의 작품들을 극찬했다. 반면 보수적인 성향이 강했던 전통주의자들과 파시즘을 지지하던 사람들은 현대예술이 대상을 왜곡시켜 사회적으로 악하고 문란한 분위기를 유도한다며 모두 처분해야 한다고 주장한다. 고흐의 작품 중 1/3이 처분될 뻔했지만 가까스로 위기를 모면한다.

고흐의 작품 『해바라기 열네 송이』가 처분될 위기를 넘겼다는 일화를 갖고 있어서인지, 이 작품을 찾는 사람들이 꽤 늘었다고 한다. 이 작품의 가격이 1905년부터 1912년(약 6년)동안 계속 올라 구매 가격의 6배에 판매된 사례는 고흐의 명성과 그의 작품의 가치가 더욱 올라갔음을 보여주는 증거일 것이다.

이를 고운 시선으로 볼 리가 없었던 당시의 독재자 히틀러는 계속해서 사람들에게 현대미술 가운데 특히 인상주의 작품이 색채나 구도 및 형태를 실제와 다르게 왜곡시킨다면서 이런 작품들이 예술계를 어지럽힌다고 주장한다. 그래서 그는 1937년 독일 뮌헨에서 인상주의 작품들을 우롱하기 위한 전시회를 개최하기로 한다. 그러고는 전시회 곳곳에 인상주의를 웃음거리로 만들기 위해 조롱하고 비난하는 슬로건을 걸어두었다고 한다. 하지만 그들의 의도와는 다르게 많은 사람들이 인상주의 작품을 보려 이

곳을 방문했고 오히려 사람들에게 호평을 받는다. 큰 규모의 전시회가 아니었음에도 약 200만 명의 사람이 방문했다고 한다. 이렇게 인상주의 작품들은 수모를 겪을 뻔했던 위기를 모면하고 오히려 인기를 얻게 된다.

고흐는 파리, 뮌헨, 도쿄, 영국 등 세계 여러 곳에서 존경받는 존재가 된다. 그를 존경한 화가들도 많았다. 그 중 한 명이 빛의 화가로 잘 알려진 마티스이다. 그의 화풍은 강렬한 원색과 대담한 색채대비를 사용하는 것인데 이는 고흐의 화풍과 비슷하다. 마티스는 고흐의 작품 중 유독 해바라기를 좋아했다고 한다. 해바라기가 피는 시기가 올 때쯤이면 고흐의 해바라기를 재해석하여 자신만의 스타일로 그려내기도 했는데, 그렇게 탄생한 작품이『해바라기 열다섯 송이』이다.

마티스를 시작으로 많은 화가들이 고흐를 존경하는 마음으로 그의 작품들을 모티프 삼아 자신만의 스타일대로 그림을 재해석하여 그리기 시작한다. 이는 곧 미술사에 변화의 바람을 불러일으킨다. 마티스는 20세기 초 프랑스에서 야수파(표현주의)운동을 주도하게 되는데, '야수파' 운동은 사실주의처럼 대상을 그대로 그리지 않고 캔버스에 야수의 노호처럼 자신의 개성을 모두 방출하듯 자유로운 색과 구도를 강조했다는 점에서 20세기 최초의 예술 혁명이었다. 이 운동은 고흐의 격렬했던 정신 표현 그리고 강렬한 색채의 영향을 받은 화가들이 주도했다고 한다. 프랑스에선 '야수파'가 혁명을 이끌었다면 독일에선 '다리파'가 혁명을 주도했다. 고흐라는 한명의 인물이 미술사에 나비효과를 일으킨 것이다. 28살부터 37살(약 10년)까지 열정과 패기로 미술을 했던 고흐의 날갯짓은 비록 사람들이 알아보지 못할 정도로 미약했지만 분명 무시할 수 없는 영향력을 갖고 있었고, 결국 그 날갯짓은 미술사에 한 획을 긋게 된다.

언젠가 어떤 교수님께서 수업시간에 이런 물음을 던지신 적이 있다. "미술 작품의 가치는 어떻게 결정될까요?" 그 당시에는 대답하지 못했지만 만약 지금 그 질문을 다시 받는다면 나는 이렇게 대답할 것이다. "미술 작품의 가치는 스토리가 결정한다고 생각합니다." 유명 미술 작품 중 '이건 나도 얼마든지 그릴 수 있겠다' 싶은 작품 혹은 난해해서 도대체 미술이라고 해야 할 지 의문이 드는 작품들이 제법 있다. 하지만 그것들이 작품으로서의 가치를 얻게 되는 것은 사람들의 마음을 건드리는 어떠한 스토리가 있기 때문인 것 같다. 예를 들어 레오나르도 다빈치의 『모나리자』가 세상에서 가장 유명한 작품으로 꼽히는 것도 스토리 때문일 것이다.

일단 레오나르도 다빈치의 인생사나 모나리자의 모델이었던 리자와 연관된 일화가 사람들의 관심을 이끌었던 것은 사실이다. 하지만 지금만큼 격정적인 반응은 아니었다. 지금처럼 폭발적인 관심과 사랑을 받을 수 있었던 이유는 작품이 세상에 공개된 '이후에' 생긴 스토리 때문이었다. 『모나리자』는 루브르 박물관에 전시되고 난 이후에도 도난 사건과 관람객으로 인한 흠집이 생기면서 사람들에게 더욱 각광받게 된다. 만약 『모나리자』가 이러한 스토리를 갖지 못했다면 분명 이렇게까지 사람들에게 사랑받는 작품이 되지 못했을 것이다.

고흐가 사후에 사람들에게 관심을 받을 수 있었고 이후에도 더 큰 관심과 사랑을 받을 수 있었던 이유 역시 같다고 생각한다. 만약 고흐가 누구보다 비극적인 삶을 살지 않았다면 분명 지금만큼 유명해지진 않았을 것이다. 결국 고흐가 겪었던 고난과 시련이 결국 그와 그의 작품을 더욱 빛나게 해 준 것이다.

5_ 니스의 파랑과 이브 클라인

5.1 모두의 뮤즈, 니스 해변

만약 평화에 색이 있다면 아마 여러 가지 색이 존재할 것이다. 평화로 웠던 아를과 엑상프로방스를 떠나서 도착한 니스는 분명 평화롭지만 아를 과 엑상프로방스와는 다른 느낌이었다. 아를과 엑상프로방스의 한적함 가 득한 평화로움이 노란색을 떠오르게 했다면 니스의 활기 가득한 평화로움 은 파란색을 떠올리게 했다. 많은 색 중에 왜 파란색을 떠올렸을까? 그 이유는 니스 해변에 있다.

과장하는 것처럼 들릴 수 있겠지만 니스 해변은 내가 태어나서 본 해변 중 가장 아름다웠다. 니스 공항에서 시내로 가기 위해 버스를 타고 이동 하던 도중 갑자기 버스에 타고 있던 모든 사람들의 시선이 한 곳을 바라 보기 시작했다. 공항을 벗어나 시내로 들어오자마자 니스의 바다가 보인 것이다. 비록 창 너머로 얼핏 보이는 정도였지만 절경임을 확신할 수 있 었다. 바다색이 너무 아름다웠기 때문이다. 바다는 생전 보지 못한 색을 띄고 있었다. 니스의 바다에 대한 이야기는 익히 들어서 잘 알고 있었지 만 이 정도일 줄은 상상도 하지 못했다. 다들 알다시피 바다의 색은 하늘의 컨디션이 모든 것을 좌우한다. 하늘이 화창하고 맑아야 바다도 그만큼 아름답다. 사실 내가 니스를 방문했던 시기는 날씨가 그렇게 좋지 않았다. 구름이 많이 낀 날씨였고 조금 흐렸었다. 그럼에도 불구하고 바다가 마치 에메랄드 보석을 하나하나씩 박아 넣은 것처럼 반짝거리고 있었다. 영롱하다는 말이 너무 잘 어울리는 바다였다. 가까이서 직접 바다를 보니 온갖 영감이 떠오를 것만 같았고 실제로 많은 예술가들의 영감을 불러일으켜 작품의 모티프를 제공한 장소이기도 하다. 니스를 대표하는 화가 이브 클라인이 그 대표적인 예가 되겠다.

화장품에 크게 관심이 없는 사람들은 진열된 빨간색 계열의 립스틱들을 보며 "다 같은 색 아니야?" 라는 말을 종종 하곤 한다. 색을 구별하는 것에 둔하거나 화장품에 관심이 없다면 그렇게 보일 수도 있다. 하지만 기억해두자. 하늘 아래 같은 색은 존재하지 않는다. 비슷해 보이는 색들도 엄밀히 보면 모두 다른 색을 띠고 있다. 물질은 화학결합의 구조가 변하지 않는 이상 고유한 색을 갖지만 고유색은 상황에 따라 다르게 보인다. 물체의 색이 시간과 장소에 따라서 매번 다른 색으로 보이는 원인의 거의 8할은 '빛'이 차지하고 있다. 이를 이해하기 좋은 예시가 니스의 바다라는 생각이 들었다.

니스 해변을 여러 번 방문한 사람들은 니스의 바다색이 방문할 때마다 다른 색으로 변하는 것 같다고 이야기 한다. 니스의 바다가 다양한 색을 갖고 있는 이유는 바다의 농도, 바람 등 여러 요인이 있지만 가장 큰 이유는 일사량, 즉 '빛'이다. 모든 물체는 빛을 흡수하고 반사한다. 그리고 반사되는 빛의 양에 따라 우리의 눈으로 볼 수 있는 물체의 색은 달라진다. 이해를 돕기 위해 예시를 들자면, 같은 물체가 놓인 2개의 방이 있다고 가정하자. 하나의 방은 온통 검은색으로 둘러싸여 있고 다른 방은 흰색으로 도배되어 있는데, 들어오는 빛의 양이 같다면 검은 방보다는 흰 방에서 물체를 보는 것이 더 잘 보인다. 우리가 빛이 없는 깜깜한 공간에서 물체를 잘 볼 수 없는 이유는, 검은색은 빛을 거의 반사하지 못하기 때문에 우리 눈으로 반사되는 빛의 양이 적어서 보고 싶어도 잘 보이지 않는 것이다. 반대로 흰 방에서 우리는 어려움 없이 사물을 볼 수 있는데, 이는 흰색이 색 중 가장 빛을 잘 반사시키는 색으로 검은색보다 반사되는 빛의 양이 많기 때문에 더 잘 보이는 것이다. 이렇게 빛은 우리가 바라보는 세상에 많은 영향을 미친다. 프랑스 남프랑스에 위치한 니스는 일사량이 높기로 유명하다. 그래서 니스 바다의 일사량이 높은 시기와 낮은 시기의 색 차이가 잘 드러난다고 한다.

사람들은 한 가지에 뛰어나지만 다른 것에는 부족한 사람을 보며 "신은 역시 공평해"라는 말을 자주 한다. 정말 신은 공평할까? 나는 신이 공평하다 생각하지 않는 사람 중 한 명이다. 앞서 이야기한 고흐처럼 다른 분야에는 크게 재능을 보이지 못했지만 유독 한 분야에서 뛰어난 두각을 보인 예술가들은 제법 많다. 사람들은 비록 한 분야에서만 나타나는 재능일지라도 대단하다 여기고 부러워한다. 하지만 신은 불공평한 법. 거의 드물긴 하지만 레오나르도 다빈치처럼 여러 분야에서 눈에 띄는 두각을 나타내는 사람들이 있다. 이브 클라인도 그런 사람들 중 한 명이었다.

이브 클라인이 화가로 알려져 있기 때문에 고흐처럼 미술만 하며 살았을 것이라 생각할 수도 있겠지만 오히려 그는 미술보다는 다른 것들에 관심이 많았고 재능도 있었다. 이브 클라인의 부모님은 모두 화가였고, 미술에 많이 노출되어 있는 환경에서 자란 데 비해 딱히 큰 관심을 보이지는 않았다. 그렇다고 아무 관심이 없는 것은 아니었다. 그는 몽상가적 기질과 호기심이 많았기 때문에 다양한 분야에 관심을 두고 있었다고 한다. 그는 남프랑스 니스에서 태어나고 유년시절을 보냈지만 유도를 배우기 위해서 직접 일본으로 가 4단 자격증을 따기도 했고 유도에 관한 책을 출판했을 정도로 유도에 열정과 재능이 다분한 사람이었다. 이뿐만 아니라 그는 작곡가로서도 활동하며 1949년 「단조로운 침묵의 교향곡」을 발표하기도 하고 미국에서 교리 활동을 하기도 하며 천문학을 공부하는 등 다양한 분야에 관심을 가졌다. 그런 클라인이 미술을 하겠다고 다짐한 것은 1955

년, 27살부터였다.

이브 클라인은 파란색에 대한 애착이 남달랐던 사람이었다. 그래서 이와 관련된 해프닝이 많았다. 'IKB 191'이라는 작품의 탄생이 그 해프닝 중의 하나이다. 바다하면 어떤 색이 떠오르는가? 대부분 파란색을 떠올릴 것이다. 파란색을 좋아했던 그는 그래서인지 니스 해변에서 많은 시간을 보냈다고 한다. 그는 다양한 색을 갖고 있는 니스의 바다를 보면서 이런 생각을 종종 했다. '세상에 영원한 파란색은 없을까?' 그리고 이 생각은 IKB를 탄생시키는 원동력이 된다.

[IKB 191]

그에게 파란색은 '정신성'을 뜻하는 색으로, 순수와 무한을 상징하는 색으로서 영원하다는 의미를 담고 있었다. 그는 이전 회화에서 탈피해야 한다고 생각했고 작품엔 감정이 개입해서는 안 된다는 생각을 갖고 있었다.

그래서 이브 클라인은 최대한 명도와 채도에 영향을 받지 않는 영원한 파랑을 찾아내려 했고 결국 탄생한 것이 IKB(Internatioanl Klein Blue)라고 불리는 청색 모노크롬이었다. IKB는 젖거나 마른 상태에도 똑같은 농도 그리고 밝기를 갖는 색이기 때문에 그는 이를 '해방된 파란색'이라고 말한다. 이브 클라인은 IKB를 오직 자신의 색으로 만들기 위해 특허를 내고 1960년 고유색으로서 특허권을 갖게 된다. 그리고 그는 IKB를 사용한 몇 점의 작품을 가지고 1956년 공식적인 첫 전시회를 개최하게 된다.

5.3 미술 도구로서의 몸

이브 클라인은 1958년 파리에서 두 번째 전시회 공허(The void)를 개최한다. 사실상 전시회 치고는 볼 것이 너무 없었다. 왜냐하면 텅 빈 흰 방안에 오직 사물이라고는 하얀 캐비닛만 덩그러니 놓여있었기 때문이다. 전시회를 방문한 약 2000명의 관객들은 당황했고 전시회에서 큰 인상을 받지 못한다. 보통 전시회를 개최했는데 관객들이 작품에 인상을 받지 못한다면 이 전시회는 실패했다고 생각한다. 하지만 놀랍게도 이브 클라인은 이것을 노렸다. 사실 이 전시회에서 모든 관람객에게 푸른색 칵테일을 제공한 사례가 있었다. 이 칵테일은 단순히 관람객들에 대한 감사의 표시나 관람객들의 갈증 해소 따위를) 위한 것이 아니었다. 이 칵테일은 특수 화학약품으로 제작되어 관람객들이 다음날 푸른색 소변을 보게 하기 위한 용도였다. 관람객들은 희롱당한 것 같은 느낌에 수치심을 느껴 그를 비난하기도 했지만 그가 이렇게까지 해서 보여주려고 했던 것은 '생각의 전환'

이었다.

  대부분의 사람들은 미술관을 가면 눈에 직접적으로 보이는 작품만을 보기에 급급하다. 어쩌면 작품 이외에도 건물의 건축적 요소, 구도, 혹은 미술관의 역사 등 중요한 여러 요소들이 있는데도 말이다. 이브 클라인은 사람들을 예술에 대한 고정적인 틀에서 벗어나도록 유도했고 계속해서 새로운 시도를 통해 작품을 보여줬다. 푸른색 칵테일도 그 중 하나라고 생각한다. 그가 항상 중요하게 여기던 것은 '순수함'이었다. 여기서 순수함이란 거짓과 가식 없는 사실, 현실을 이야기한다. 그래서 그는 붓, 펜, 팔레트 등 물건만을 미술 도구로 여긴 것이 아니라 그림의 주체, 화가의 신체, 즉 몸도 하나의 미술 도구라고 강조했다. 공허 전시회에서 보여주고자 했던 것도 바로 그것이다. 단순히 눈에 보이는 전시회 내부가 아니라 자신의 몸에서 나오는 푸른색 소변을 보고 느끼는 그 감정들이 바로 예술이고 우리의 몸 그 자체만으로도 예술임을 보여주고자 했던 것이다. 이렇게 그는 우리의 생각을 또 한 번 전환시켜준다. 후대에 그의 사상들은 신

체 미술을 이끄는 데 큰 공을 세운다.

　이브 클라인이 유명해질 수 있었던 것은 신체 미술을 이용한 연작 때문이라 해도 과언이 아니다. 그중 가장 대중들의 관심과 사랑을 받았던 작품은 『청색 시대의 인체 측정(Anthropométries de l'époque bleue)』이다. 사실 이는 전시된 작품보다 작품이 만들어 진 과정이 관람객들에게 그대로 공개되면서 일회성 퍼포먼스로 화제를 이끌었던 작품이다. 당시 퍼포먼스는 이랬다고 한다. 세 여자는 무엇도 걸치지 않은 나체로 자신의 온 몸에 푸른색 물감을 덮어쓴 채로 캔버스 위를 자유롭게 뒹굴었고 그 주위는 그가 섭외한 오케스트라가 둘러싸고 그가 작곡한 「단조로운 침묵의 교향곡」을 연주하고 있었다고 한다. 오늘날 우리가 이러한 퍼포먼스를 본다 하더라도 관람객들은 신선한 충격에 빠질 텐데 당시 사람들에겐 얼마나 큰 충격으로 다가왔을지 상상도 할 수 없다. 그가 신체 미술을 통해서 사람들에게 강조하고 싶었던 것 역시 '순수함'이다. 그가 신체 미술을 통해서 보여주고 싶었던 순수함은 '여성의 몸을 표현해내고 싶다면 실제 여성의 몸을 살아있는 미술 도구로서 거짓 하나 없는 사실을 보여주는 것'이 아니었을까? 실제 여성의 몸이라면 나의 주관이나 감정이 들어갈 수도, 조작을 할 수도 없기 때문에 있는 사실 그대로 보여 줄 수 있으니까 말이다. 현재 『인체 측정』 연작들은 그의 고향인 니스 현대박물관에 전시되어 있다고 한다.

가끔 현대미술을 보고 있으면 무엇을 나타내는 것인지 도무지 이해할수 없어서 난해한 정도를 넘어 희롱당하는 기분이 든 적이 몇 번 있다. 그 때문에 현대 미술을 보고나면 항상 찝찝한 기분이 들 곤 했다. 하지만이브 클라인을 조사하고 그의 작품들을 보면서 현대미술에 대한 생각이바뀌었다. 이브 클라인이 몽상가적 기질을 갖고 있고 허언증이 있었던 것은 사실이지만 예술에선 한 없이 솔직하고 순수함을 보여주는 사람이라'미워할 수 없는 악동' 같다는 생각이 종종 들었다. 당시 대중들이 이해할수 없는 독특한 해프닝들을 벌여 대중을 놀리고 기만하는 것처럼 보이기도 했지만 그의 작품에는 언제나 강인한 의지와 신념이 깃들어 있었고 다만 그것을 표현하는 방식과 대중들에게 다가가는 모습이 낯설었을 뿐이다. 하지만 오히려 낯설고 서툰 방식으로 관객들에게 작품을 보여준 그와그의 작품이 이브 클라인이라는 사람의 독자적인 매력을 부각시킨다는 생각이 들었다.

이브 클라인의 작품 속에는 오브제가 거의 없다. 미술이 단순 대상을묘사하기 위한 행위라고 생각될 수 있겠지만 본질적으로 미술은 화가의경험과 감정, 생각 등을 주관적인 자신만의 스타일로 표현해내는 것이다. 꼭 대상이 존재하지 않아도 예술이 될 수 있다는 것이다. 그의 예술은 우리에게 '현실을 접근하는 방식에 대해 새로운 인식'을 보여준다. 새로운시각으로 현실을 바라보려하는 태도는 창의력, 호기심을 강조하는 예술뿐만 아니라 과학 그리고 기술에서도 매우 중요한 일이다. 좁은 시야를 갖고 세상을 바라본다는 것은 나의 가능성과 잠재력을 기만하는 일이 아닌가 싶다. 이브 클라인은 계속해서 새로운 시도를 했고 새로운 눈을 통해 현실을 바라보았다. 비록 실패할지언정 끊임없는 시도를 통해 시행착오를 겪으며 그것을 발판으로 더 넓은 시야로 갖고 가능성을 열어두는 태도를 나 또한 가지려 한다.

"예술가의 편지 찾기" 장에 포함된 회화 이미지의 출처는 아래와 같다.
https://artsandculture.google.com
https://www.wikidata.org
https://en.wikipedia.org
https://ko.wikipedia.org
https://www.naver.com

돌아오는 길

1_ Super moon

고동규

1.1 한 번쯤은 혼자서 여행

유명한 관광지에서 다른 여행객들을 쳐다볼 때가 종종 있다. 그들 중 누군가는 가족들과 함께 왔고, 누군가는 친구들과, 또 누군가는 연인과 함께 왔다. 동행과 함께 온 여행객들이 웃으며 이야기를 나누고 있는 풍경 사이로 혼자 있는 사람의 모습이 눈에 들어온다. 어딘가에 걸터앉아 턱을 괴고 한 곳을 응시하고 있는 뒷모습에서 진한 여운이 남는다. 저 사람은 지금 어떤 생각에 잠겨있는 걸까 궁금해지기도 한다.

2013년 여름, 나는 배낭 하나를 짊어지고 처음으로 혼자서 비행기에 몸을 실었다. 태어나서 자라온 친숙한 우리나라를 떠나 가족도, 친구도 없는 머나먼 유럽 땅에서 홀로 이곳저곳을 다니던 그 때의 기분을 아직도 잊지 못한다. 1년이 지난 2014년 여름에 다시 한 번 혼자 유럽으로 떠났다. 이후 군 생활과 학교생활을 이어 오다가 이제 2018년 여름, 학과 친구들과 교수님, 이렇게 다섯이서 세 번째로 유럽 땅을 밟게 되었다. 그러면서 혼자서 여행하는 것과 누군가와 함께 여행하는 것에 대해 이야기 해 보고 싶어졌다. 두 가지 방식을 단순 비교하기보다는 누군가에게 혼자서 여행할 용기를 주고 싶은 게 내 생각이다.

사실 이와 관련된 이야기를 하자면, 먼저 '여행'과 '관광'이라는 두 가지 개념을 조금 구분해서 쓸 필요가 있다. 여행은 나그네 여(抜)자에 다닐

행(行)자를 써서, 말 그대로 나그네처럼 다니는 것을 뜻한다. 나그네는 정처 없이 떠도는 사람이니, 나그네처럼 다닌다는 뜻을 가진 여행은 곧 일정한 목적지 없이 그저 이곳저곳을 돌아다니는 행위를 뜻한다. 그래서 여행하는 사람은 발길 닿는 데로 움직이다, 마음에 드는 공원이라도 발견하면 그곳에 앉아 몇 시간을 보낸다 한들 아무런 문제가 없으며, 오히려 그렇게 하는 것이 가장 이상적이고 바람직한 여행의 방법일지도 모른다.

반면, 관광은 여러 군데의 목적지를 정해놓고, 그것을 기준으로 하루의 일정을 짜고 계획대로 목적지들을 방문하는 것을 의미한다. 각 목적지마다 머물기로 정한 시간이 있으며, 설령 한 장소가 마음에 들어 그곳에 오래 머물고 싶다 해도 이후의 일정에 차질이 생기기 때문에 그렇게 하기가 힘들다.

조금 극단적으로 양분해서 설명했지만, 두 가지 방식이 조금씩 겹치는 경우가 대부분이다. 또, 이 둘을 군이 명확하게 분리시킬 필요도 없다. 하지만 상대적으로 혼자 하는 여행이 전자처럼, 누군가와 함께하는 여행이 후자처럼 흘러갈 가능성이 많다. 여기서 두 여행 스타일의 차이점이 발생한다.

혼자서 여행하면 누군가와 함께 할 때보다 여행지에서 더 많은 것을 받아들일 수 있게 된다. 둘이서 대화하는데 집중하며 길을 걷다보면 아무래도 혼자서 걸을 때보다 주변 풍경을 잘 놓치게 된다. 현지인이나 다른 여행객 등 여행지에서 만나는 사람들과 접촉할 기회도 줄어든다. 둘 사이의 세계에 갇혀 외부 세계가 들어올 틈이 좁아지는 것이다.

또한 혼자 여행하면 나 자신에 대해서 더 잘 알 수 있게 된다. 끊임없이 동행을 의식해야하는 '함께하는 여행'과 다르게, 누군가의 눈치를 볼 필요가 없기 때문에 모든 상황에서 가장 솔직하고 나다운 행동을 하게 된다. '나는 이럴 때 이런 행동을 하고 이런 감정을 느끼는 사람이구나' 하는 생각을 하다 보면 지금껏 몰랐던 나 자신의 모습을 발견하기도 한다. 혼자 하는 여행은 나 자신에 대해 알아가는 과정이 된다.

오랫동안 혼자 있다 보면 외로움과 집에 대한 그리움, 가족과 친구들의 소중함을 깨달을 수 있는 시간도 더 많이 가지게 된다. 그런 감정들은 한 번쯤 느껴볼 가치가 있는 좋은 감정들이다. 여행은 우리를 일상의 소중함에 대해 깨닫게 만들고, 겸손해지게 한다. 나는 혼자 여행하면서 평소 귀찮게만 느끼던 엄마와의 통화가 얼마나 감사한 것인지 깨달았다. 우리나라, 내 고향, 내 집에 대한 소중함도 혼자서 여행한 경험이 없었더라면 아마 평생 느끼지 못했을 수도 있다. 다섯 명이 항상 함께 한 이번 여행에서, 나는 외로운 감정들에 대해서는 완전히 무뎌졌다. 만리타향에 있어도 한국 동행이 있으니 전혀 외롭지가 않았다. 실내에서 함께 밥을 먹거나 맥주를 마실 때는 그곳이 프랑스라는 사실을 잠시 잊기도 했다. 혼자서 밖에 나왔을 때야 비로소 이곳이 외국이라는 사실을 새삼스레 느끼곤 했다. 동행은 외로움을 덜어주는 든든한 존재이지만, 한편으론 여행지라는 외부 세계에서 내가 느껴야 할 감정들까지 함께 덜어가 버린다.

마지막으로 스스로 모든 의사결정을 내리는 과정에서 독립심과 주체성, 위기대처능력을 키울 수 있다. 일어나고 싶을 때 일어나고, 숙소에서 나가고 싶을 때 나가고, 어디를 갈지, 한 곳에 얼마나 머물지, 밥은 언제 무엇을 먹을지 등 모든 결정의 권한은 내가 쥐고 있다. 그 모든 결정의 순간에서 타인에 대한 의무감으로부터 벗어나 오로지 나 자신을 위한 결정을 내리게 되며, 동시에 그에 따른 책임도 내가 진다. 예기치 못한 돌발 상황에 맞닥뜨렸을 때도 그것을 혼자 힘으로 해결해야 한다. 기차나 버스를 놓치거나 소지품을 잃어버리는 등의 위기가 발생했을 때, 옆에 누군가가 있을 때와 없을 때 내가 느끼는 심리적 부담감은 다르다. 그런 상황에서 처음에는 많이 당황하겠지만, 결국에는 어떻게든 혼자 힘으로 해결하게 된다. 물론 혼자서 여행하더라도 대게는 문제가 발생하면 누군가의 도움을 받게 된다. 나를 도와줄 사람을 찾는 것, 도움이 필요한 상황에서 도움을 요청하는 것, 그것도 우리가 살아가는 데 있어 꼭 필요한 능력이 아닐까?

여행은 종종 인생에 비유되곤 한다. 인간은 타인의 도움을 받고 또 타인과 더불어 살아야 하는 존재지만, 매 순간 누군가가 내 곁에 있다는 보장은 없다. 그런 측면에서 혼자 여행하며 내 의지대로 모든 결정을 내리고 그에 따른 결과를 받아들이는 과정, 혼자서 어떤 문제를 해결해나가는 과정은 훌륭한 배움의 기회를 제공한다.

물론 사람마다 생각은 다르다. 어떤 사람은 혼자서 여행하는 것보다 친구와 함께 여행하는 것이 훨씬 더 가치 있다고 생각할 수도 있다. 그리고 누군가와 함께 여행하는 것이 혼자서 여행하는 것에 비해 더 나은 장점을 가질 때도 많다. 하지만 혼자 여행할 때만 느끼고 배울 수 있는 점들이 있기에, 일생에 한 번쯤은 혼자 여행해 보기를 적극 추천한다.

그리스와 로마의 찬란한 문명을 탄생시킨 바다, 지중해. 오래 전부터 나는 '지중해'라는 세 글자만 들어도 가슴이 간질거리며 이유 모를 끌림을 느끼곤 했다. 아프리카와 유럽에 맞닿아 있어 이국적인 느낌이 물씬 풍길 것 같은 이 바다를 꼭 한 번 가보고 싶었다. '지중해'하면 떠오르는 나라는 보통 이탈리아나 그리스 정도지만, 프랑스도 엄연히 지중해를 끼고 있는 나라다. 나에게 지중해의 이미지는 푸른 바다를 배경으로 뜨거운 햇빛을 받아 눈이 시리도록 빛나는 하얀 집들의 모습이었다. 남프랑스는 그런 풍경은 아니었지만, 그래도 잠시나마 동경하던 지중해 지역을 여행할 수 있어 감격스러웠다. 내가 지중해에 대해 갖고 있던 막연한 동경은 여행을 하면서 확실한 호감으로 바뀌게 되었는데, 결정적인 이유는 바로 이 지역의 여유롭고 낙천적인 분위기였다.

날씨는 사람들의 사고방식이나 문화를 형성하는데 큰 역할을 한다. 프랑스 남부 지방은 연중 눈부신 햇살이 내리쬐는 지중해성 기후 덕에, 순간을 즐기며 '현재'에 최선을 다하자는 'Seize the day'나 'Carpe Diem'과 같은 삶의 방식과 문화가 서려있다. 며칠 여행한 것으로 한 지역의 문화에 대해 깊이 있게 논한다는 것은 우스운 일이지만, 그 며칠만으로도 충분히 남프랑스의 분위기는 직접 느껴볼 수는 있었다. 이곳에서는 여유롭게, 어떻게 보면 조금 게으르게 살아가도 아무런 문제도 없을 것 같다는 생각이 여행 내내 머릿속에 맴돌았다. 일 년 내도록 내리쬐는 이런 찬란한 햇살 속에서 게으름 좀 부리면 어떠랴. 사람들에게는 낙천적이고 쾌활

한 에너지가 넘쳐흘렀고, 행동에서는 여유가 묻어났으며, 얼굴에는 유난히 웃음이 많았다.

파리에서 출발한 나는 아비뇽을 잠시 들렀다 곧바로 아를로 넘어왔다. 기차역에서 나오자마자 남프랑스가 파리에 비해 뜨겁다는 것이 피부로 느껴졌다. 이동 시간은 고작 4시간 남짓이었지만, 고속철도 TGV가 그 시간 동안 달린 거리 사이에는 엄연한 온도차가 존재했던 것이다. 숙소를 찾아가기 위해 두리번거리던 나에게 한 여자가 다가와 도움이 필요하냐고 묻더니 지도를 한 장 주며 숙소 위치를 표시해주었다. 기분 좋은 시작이었다.

작은 시골마을인 아를은 대도시인 파리와는 느낌이 많이 달랐다. 걸어서도 충분히 돌아다닐 수 있을 만큼 마을의 크기가 작았다. 숙소에서 마을 안쪽으로 조금 걸어 들어가니 이 예쁘고 소박한 마을의 모습과는 좀처럼 어울리지 않는, 로마 시대의 원형경기장이 가장 먼저 눈에 들어왔다. 이탈리아의 수도 로마에 있는 콜로세움의 축소판 같은 이 원형경기장은 프랑스 아를이 로마 제국의 지배하에 있던 시절 만들어진, 아주 오래된 건축물이다. 로마 시대에 이곳에서는 검투사끼리의 대결이나 사람과 맹수의 싸움이 벌어졌는데, 아직도 그 전통이 남아 투우 경기가 진행되고 있다.

마침 시간이 잘 맞아, 생전 처음으로 투우 경기를 직접 볼 수 있었다. 전통적인 방식처럼 칼이나 창으로 소를 찔러 죽이지는 않았고, 소의 머리에 매달려 있는 리본을 투우사들이 빠르게 달려가 끊는 방식으로 진행되었다. 말 못하는 동물을 상대로 저런 경기를 해도 되는 것인가 하는 안타까움과 동시에, 그래도 오랜 세월 이어져 내려온 전통 문화가 끊어지는 것도 조금 서글플 것 같다는 두 가지 생각이 모두 들었다.

2만 명 정도를 수용할 수 있는 이 큰 경기장에서 투우 경기를 보고 있는 사람들은 고작 400여 명뿐이었다. 나는 상상력을 펼쳐 빈자리에 로마 시대의 사람들을 채워 넣고, 그들의 함성을 지르는 장면을 떠올려보았다. 경기가 끝나고 밤에 다시 와서 본 경기장 외관의 분위기는 낮과는 많이 달랐다. 캄캄한 밤하늘 아래 원형경기장만이 조명을 받아 빛나고 있었는데, 2,000년 된 건축물이 어두운 밤의 우주에서 당당한 위용을 과시하며 밝게 빛나고 있는 그 모습은 비현실적이고 환상적이었다.

조금은 살벌한 원형 경기장의 이미지와 다르게, 아를은 조용하고 평화로운 시골 마을이다. 소박하고 아기자기한 골목길들을 천천히 걸으며 구경하는 재미가 쏠쏠하다. 그러다 보면 길 옆으로 예쁜 노천카페들이 하나씩 튀어나오기도 한다. 노천카페는 자칫 밋밋할 수도 있는 골목길을 한층 더 아름답게 꾸며주고 있었다. 호객행위를 하던 노천식당 직원은 내가 이미 밥을 먹었다고 하자 (들어오지 않아도) 괜찮으니 즐거운 시간 보내라고 웃으며 인사하기도 했다. 이런 모습에서 남프랑스의 여유와 친절이 느껴져 기분이 좋았다.

다음 골목길은 어떤 모습일까 하는 기대감을 안고 걷다보면, 어느새 아를의 최고 번화가인 헤퓌블리크(république) 광장에 닿게 된다. 이곳은 사방으로 음식점과 카페가 즐비하고, 항상 많은 사람들로 붐비는 곳이다. 광장 한 쪽에는 고흐의 그림 『포럼 광장의 카페 테라스』의 실제 배경이 된 노란 천막의 카페가 아직 그대로 남아있다. 카페나 음식점의 노천 테이블을 가득 채운 사람들의 모습은 그 자체로 풍경이 된다. 노천카페를 보고 아름답다고 느끼는 이유, 사진을 찍고 싶어지는 이유는 그곳에 앉아 있는 사람들 때문일 것이다. 해질 무렵이면 길거리 악사들이 와서 흥을 돋궈줄 음악을 연주하고, 사람들은 춤추고 박수치며 음악을 즐긴다.

아를에서 이틀을 머문 다음, 우리는 엑상프로방스로 넘어갔다. 한없이 사람 좋아 보이는 엑상프로방스의 친절한 숙소 주인아주머니는 이 도시에서 가장 기억에 남는 사람들 중 한 명으로 기억된다. 브라질인 아버지와 프랑스인 어머니 사이에서 태어난 아주머니는 브라질에서 어린 시절을 보내다 어머니의 나라인 프랑스에 와서 남부 지방의 여유로운 삶의 모습에 반해 이곳으로 이민 오게 되었다는 이야기를 나에게 들려줬다.

확실히 이 지방만의 느낌과 분위기에는 사람을 끌어들이는 매력이 있었다. 길에서 눈이 마주치면 웃어주는 사람들이 많았다. 나도 따라 웃었다. 그 외에도 풍경 사진을 찍고 있는 내 카메라 앞으로 다가와 서로 어깨동무를 하고 엄지를 치켜세운 채 웃으며 포즈를 취하던 남자들의 모습과 더없이 친절하게 길을 알려준 노천 식당 직원 아저씨 등 엑상프로방스에서의 기억은 하나같이 친절하고 낙천적인 사람들로 가득하다. 여행을 마치고 돌아오면 이런 사람들에 대한 기억이 가장 기분 좋게 남는다.

남프랑스 여행의 마지막 목적지는 니스였다. 푸른 바다와 바닷가 도로에 쭉 이어져 있는 열대 야자수 나무들, 색색의 예쁜 건물들과 역시나 어김없이 길거리에 늘어선 노천카페들. 눈으로 보는 풍경도 나무랄 데 없이 아름다웠지만, 니스에 대한 기억의 팔 할은 밤에 나간 바닷가에서 본 버스킹이었다.

니스에서 하루를 보내고 나면 한국행 비행기를 타기 위해 파리로 돌아가야 했다. 니스에서의 하루가 사실상 이번 여행의 마지막 날이었던 것이다. 남프랑스에서의 마지막 밤을 어떻게 보낼까 고민하던 나는 일단 와인 판매점으로 들어갔다. 싸고 맛있는 와인을 추천받아 사서는, 그대로 손에 들고 무작정 마셨다. 몽롱하게 취해 바라보는 니스의 밤은 아름다웠지만 나는 괜스레 서글펐다. 와인을 반 정도 마셨을 때쯤 바닷가에 도착했다. 60대 아저씨가 인도 위에서 노래를 부르고 있었다. 그가 부르는 노래들은 하나같이 내가 잘 알지 못하는 7080 올드 팝송이었다. 그냥 지나치려던 나는 뒤에서 들려오는 노랫소리에 홀린 듯 멈춰 섰고, 얼마 후에는 맨 바닥에 그대로 앉아버렸다. 한국에서는 사람들이 지나다니는 길 한가운데에 그렇게 앉아있지 못했겠지만, 여기는 바닥에 앉아도, 누워도 누구도 뭐라

탓하지 않는 프랑스였다. 그렇게 앉아서 한 시간이 넘도록 와인을 마시며 노래를 듣고, 곡이 끝날 때마다 누구보다 열심히 박수를 쳤다. 한 커플이 와서 아저씨와 함께 노래를 부르고 가기도 했고, 또 다른 커플은 같이 춤을 췄다. 그러는 와중에 내 옆에 여자 한 명이 와서 나처럼 앉았다. 그녀도 나처럼 하염없이 앉아서 노래를 듣고, 열심히 박수를 쳤다. 우린 계속 눈이 마주쳤고, 그때마다 서로 웃음 지었다.

참, 그날 붉고 커다란 슈퍼문이 떠 있었다. 옆에 앉은 여자는 나를 쳐다보며 손가락으로 달을 가리켰다. 나는 이 모든 것들이 남프랑스에서의 마지막 밤을 기억하기에 더없이 좋은, 낭만적인 장면들이라고 생각했다. 지극히 지중해다운, 지극히 남프랑스다운 풍경이었다. 공연을 다 듣고 나는 5유로를 건네며 아저씨와 악수와 포옹을 나눴다. 아저씨는 온 몸이 땀으로 젖어있었다. 이 날 밤을 오랫동안 잊지 못할 것이라는 기분 좋은 예감을 느끼며 숙소로 돌아갔다. 지중해를 품은 남프랑스 여행은 그렇게 특별한 추억을 남긴 채 막을 내렸다.

1.3 이동 과정

엑상프로방스에서 니스로 향하는 버스를 처음 탈 때만 해도 조금 조바심이 났다. 예정보다 늦게 버스를 탔고, 이동 시간도 예정보다 길어졌기 때문이다. 사전 조사가 잘못된 탓인지, 미리 알아둔 곳으로 가서 버스를 타려고 했더니 터미널 직원에게서 '여기가 아니니 다른 곳으로 가서 타라'는 답변이 돌아왔다. 결국 우여곡절 끝에 버스를 타는 데는 성공했지만,

지체된 시간만큼 니스를 둘러볼 시간이 부족해졌다는 사실에 마음이 다급해졌다. 하지만 버스가 빨리 달리기만을 바라던 초반의 내 마음은 이내 눈 녹듯 사라졌다. 달리는 버스의 창 밖 풍경이 너무나 아름다웠기 때문이다. 버스의 창문이 일반적인 고속버스의 조그마한 창과는 다른, 크고 시원시원한 파노라마 창이었다. 탁 트인 창 너머로 바라본 바깥 풍경을 보며 나는 연신 감탄했다. 한여름의 짙은 녹음 사이로 드문드문 보이는 마을에는 붉은 주황색 지붕과 하얀색 벽으로 이루어진 집들이 모여 있었다. 또 끝없이 펼쳐진 푸른 초원이 보이는가 하면, 에메랄드빛의 파란 지중해 바다가 보이기도 했다. 마음에 드는 아름다운 풍경을 마주할 때마다, 그곳의 지명도 모르고 지나가기가 너무나 아쉬웠다. 그래서 그럴 때마다 구글맵을 켜서 현재 위치를 저장해두곤 했다. 달리는 버스에 편하게 앉아서 빠르게 지나가는 풍경을 보고 있던 그 순간에, 나는 문득 여행에서 이동 시간의 소중함을 느끼게 되었다.

많은 사람들이 빨리 목적지에 닿기를 기다리며 버스나 기차 안에서 잠을 자거나 휴대폰을 보며 시간을 보낸다. 이것이 잘못됐다는 게 아니라, 여행의 매 순간을 조금 더 열린 마음으로 알차게 즐겼으면 한다. 이동 시간은 우리가 간과하기 쉬운 여행의 '과정'이다. 창밖으로 보이는 아름다운 풍경, 일정한 리듬으로 덜컹거리는 규칙적인 기차 소리, 지나온 여행지에 대한 생각의 정리와 앞으로 가게 될 여행지에 대한 기대감, 여행 일기를 쓰고 싶은 설레는 분위기, 우연히 시작된 옆자리에 앉은 사람과의 대화. 이 모든 것들이 여행의 소중한 일부라는 사실을 알았으면 한다.

2_ 창밖의 새벽

황유라

2.1 추억을 그리다

아주 오래 전, 그러니까 우리의 모습이 인간보다는 유인원에 가까웠던 그 시절부터 지금까지 우리는 기록이라는 걸 하고 있다. 나무나 돌에 우리의 모습을 새기고, 우리끼리의 암호를 만들어 적으며 검고 각진 상자로 우리의 모습을 찍고 움직임을 담으면서까지 우리는 기록을 이어나가고 있다. 우리가 이렇게 기록에 집착하는 이유는 간단하다. 기록하지 않으면 기억할 수 없으니까. 신이 인간에게 준 망각이라는 선물 덕에 우리는 기록하지 않으면 기억을 할 수 없다. 그게 좋은 일이든 슬픈 일이든 말이다. 내가 정말 좋아하는 연예인을 만났다 해도 그 기억을 계속해서 곱씹지 않으면 금방 잊어버리게 된다. 설사 그렇지 않더라도 언제나 우리의 기억은 왜곡되고 만다. 아, 내가 그 사람하고 눈을 마주쳤던가. 손을 잡았던 것 같기도 하고. 내가 정말 사랑했던 사람도 오래 보지 않으면 얼굴을 잊어버리고 만다. 그 사람의 눈이 어떻게 생겼더라. 웃는 모습은 어땠었지 하며 말이다.

여행의 순간도 마찬가지이다. 니스의 푸른 바다가 황홀할 정도로 아름다웠다 해도 우리는 그 푸른 빛깔을 영원히 기억할 순 없다. 쪽빛이었던가 에메랄드 빛이었던가. 그리곤 그냥 에메랄드빛이었다고 믿어버릴지도 모른다. 우리는 여행의 아름다운 순간들을 그리고 그 순간에 느꼈던 감정들을 잊어버리지 않기 위해, 우리의 일상에서 추억하기 위해 기록을 한다. 나의 기록도 그런 이유로 시작되었다.

남는 건 사진밖에 없다는 말처럼 나의 첫 유럽여행은 사진으로 고스란히 남았다. 한국에 돌아와 여행을 돌이켜보니 너무 많은 장소를 돌아다녀서인지 기억나지 않는 곳들이 드문드문 있었다. 그럴 때마다 휴대폰 갤러리의 사진을 보며 나의 기억을 되새기곤 했다. 그 사진 속에 남아있는 유럽의 모습은 내가 감탄했던 것과 같이 여전히 아름다웠다. 하지만 정작 그 아름다운 풍경 속에서 내가 무엇을 생각하고 어떤 감정을 느꼈는지는 잘 기억나지 않았다. 야경이 참 아름다웠고, 손이 시려웠고, 행복했다는 정도밖엔. 사진 찍는 것에 열중한 나머지 정작 그곳의 분위기를 느끼고 생각에 잠기는 시간이 부족했다. 그런 점들이 너무 아쉬웠다. 사진은 나의 순간을 가장 흡사하게 담아냈지만 카메라를 통해 그곳을 바라보던 나의 마음까지는 담아내지 못했다.

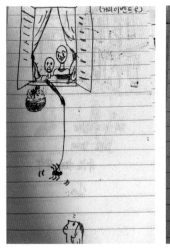

프랑스만은 마음에 담고 싶었다. 프랑스의 풍경보다도 내가 바라본 프랑스를 남겨두고 싶었다. 똑같은 책을 열 살, 스무 살, 서른 살에 볼 때마다 다르듯 21살의 내가 느낀 프랑스와 나중의 내가 다시 찾은 프랑스는 다를 테니까. 어떤 방법이 좋을지 꽤 오래 고민을 했다. 그렇게 내가 택한 방법은 그림이었다. 사실 처음부터 그림을 생각한 건 아니었다. 나는 어렸을 때부터 그림은 잘 그리는 사람만 그리는 것이라고 생각했으니 말이다. 그런데 미술관에서 인상주의 작품을 관람하던 도중 문득 이런 생각이 들었다. 어떻게 화가들은 이 물결의 색을 표현했을까. 나도 한 번 그려보고 싶다. 그렇게 내가 그려낸 첫 번째 프랑스의 풍경은 아를의 론 강변이었다. 그림을 그리려 하니 무심코 지나칠만한 것들도 유심히 관찰하게 되었다. 더구나 그 강은 반 고흐의 그림으로 유명한 곳이니 마치 내가 반 고흐와 친구가 되어 함께 그림을 그리고 있는 것처럼 느껴졌다. 한국에 돌아와 그림을 찬찬히 살펴보았다. 사실 그림이라기보단 낙서에 더 가까운 형태였지만 당시 그림을 그리며 내가 무슨 생각을 했는지 생생히 기억이 났다. 그리고 그림의 구석구석에 덧붙인 짧은 문장들은 그 당시의 나의 감정을 무엇보다도 잘 전해주고 있었다.

혹시나 이 글을 읽고 있는 분들도 기록의 수단으로 사진을 찍는 게 자신의 체질에 맞다 싶으면 그림을 그려보는 것을 권한다. 그 옆에는 짧은 글귀를 적어보는 것도 좋을 것 같다. 꼭 멋있지 않아도 좋다. 내가 그린 그 풍경은 이 세상에 단 하나밖에 존재하지 않는 그리고 오직 그 순간에만 존재한 내 눈으로 바라본 진짜 추억이니까. 나는 그렇게 내가 그린 추억으로 오늘을 살아간다.

우리는 이 드넓은 우주에서 하나의 먼지에 불과하지만, 우리의 안에는 더 큰 우주가 존재한다고 나는 믿는다. 그 우주는 우리의 가치관일 수도 있고 우리가 창조한 세계관, 더 나아가 미지의 능력일지도 모른다. 내가 이 우주에 대해 명확한 정의를 내리지 않는 이유는 우주는 원래 그런 것이기 때문이다. 인간이 평생을 연구해도 알 수 없을지도 모르는 곳, 끝을 알 수 없는 미지의 세계, 그게 바로 우주이니 말이다. 이 수십억 개의 우주들은 조그마한 지구라는 행성에서 충돌하며 살아간다. 때론 우주와 우주가 충돌하기도 하고 하나의 우주 속에서 여러 개의 행성이 충돌하기도 한다. 나의 우주도 마찬가지다. 아를에서의 일이었다.

아를에 남아있는 고대 로마의 원형경기장에서는 주기적으로 아를식 투우가 열린다. 우리 일행은 경기장에 들어가는 김에 투우를 볼지에 대해 의견을 나누고 있었다. 나는 무조건 봐야겠다는 생각을 했다. 아를식 투우는 오직 아를에서만 볼 수 있으니 희소가치가 있는 경험이라 생각했기 때문이다. 그런데 일행 중 한 명이 너무 잔인할 것 같다는 이유로 거부의 사를 내비추었다. 그래서 각자 자유롭게 볼 사람은 보기로 했고, 나는 당연히 관람을 선택했다. 경기장에 막 들어섰을 때 나는 들뜨는 마음을 감출 수가 없었다. 마치 검투사의 경기를 보러 온 고대 로마인이 된 듯한 기분이었다. 나는 가장 경기가 잘 보이는 자리를 찾아 앉았고 경쾌한 빵빠레 소리와 함께 선수들이 하나, 둘 입장했다. 스페인의 투우사들처럼 화려하고 멋진 옷을 입고 있지는 않지만 나는 그들이 너무 멋있어 보였다. 죽음을 무릅쓰고 소와 맞서는 용감한 투우사였기 때문이 아니라 그들 고유의 문화와 전통을 지켜나가야겠다는 사명감을 가진 듯 보였기 때문이다. 하지만 막상 경기가 시작되니 나의 우주는 혼란스러워졌다.

보통 투우 경기에 들어오는 소들은 미쳐 날뛰고 잔혹할 거라 생각했다. 하지만 내 눈 앞에서 경기장을 다그닥다그닥 걸어 다니는 작은 소는 전혀 그래 보이지 않았다. 더위를 먹은 것 같았고 계속해서 경기장 밖으로 탈출하려고만 했다. 소가 너무 불쌍해 보였다. 평소 동물에 애착이 없는 나도 그런 감정을 느꼈는데 동물을 사랑하는 사람들은 어땠을까. 관람을 거부한 일행의 마음이 이해가 됐다. 아무 잘못 없는 작고 가여운 소는 인간들의 놀이와 재미, 그리고 전통과 문화라는 명분하에 희생되고 있었다. 인간들의 전통과 문화 그리고 동물의 권리, 그 사이에서 나는 고민에 빠졌다. 무엇을 선택해야 할 것인가. 무엇이 옳은 것인가. 나는 끝끝내 답을 찾지 못했다. 그렇게 아를의 투우는 나에게 문제만 남겨준 채 끝이 났다.

아를의 투우가 어땠냐고 사람들이 내게 묻는다면 나는 그저 한 마디만 하고 싶다. 경기장을 분주히 뛰어다니며 곡예를 하는 투우사보다도, 펜스를 넘어 다니고 사람들을 향해 달리던 소보다도 더욱 인상 깊었던 건, 그 사이를 평화롭게 걷고 나는 비둘기였다고.

2.3 여행의 온도

노팅힐이라는 글쓰기 동아리에서 만난 선배가 한 명 있다. 교수님의 제안에 자의반 타의반으로 글쓰기 동아리를 시작한 나와 달리 그 선배는 글쓰는 것 자체를 굉장히 좋아했다. 그리곤 항상 본인의 SNS나 블로그에 꾸준히 글을 올렸다. 그리고 저번학기 말, 나는 그 선배에게 작은 책자 하나를 선물 받았다. 자신이 그 동안 썼던 글 중 몇 개를 엄선해 직접 만든 책이었다. 그 책속에 담긴 수십 편의 글 중 내가 가장 마음에 드는 구절을 하나 소개하려 한다.

"자기 온도에 맞는 커피향이 가장 진한 것처럼. 꽃이 각자의 계절에서 가장 예쁘게 피는 것처럼. 그대들이 씨앗이라면 각자의 계절 속에 살았으면 한다. 딱 맞는 온도로 피었으면 한다."

커피와 꽃에도 딱 맞는 온도가 있는 것처럼 우리에게도 알맞은 온도가 있다. 그리고 우리는 알맞은 온도에서 가장 아름답게 핀다. 특히 이번 여행에서 저 구절이 많이 와 닿았다.

파리, 아비뇽, 아를, 엑상프로방스, 니스. 프랑스의 꽤 많은 도시를 방문했지만 그 중에서도 아를이 가장 내게 알맞은 온도의 도시였다. 사실,

프랑스를 가기 전 가장 많은 기대를 했던 도시는 파리였다. 파리는 뭐라 해도 명실상부한 프랑스의 수도였고, 예술의 도시, 빛의 도시, 패션의 도시를 비롯해 수많은 수식어가 따라다니는 낭만의 도시이니 말이다. 게다가 내가 프랑스에 대한 환상을 가지게 된 것도 '라따뚜이'라는 애니메이션 영화에 나오는 파리의 야경 덕이었으니까. 하지만 내가 막상 겪어본 파리는 생각보다 더럽고, 악취가 많이 나며 사람들로 붐벼 정신없는 도시였다. 아, 물론 그렇다고 해서 파리가 싫다는 것은 아니다. 그런 단점들이 있음에도 꼭 다시 한 번 가보고 싶을 정도로 매력 있는 도시이다. 하지만 파리가 나에게는 조금 뜨겁게 느껴졌다.

아를은 따뜻한 느낌의 도시였다. 사실 도시보다는 시골에 훨씬 가깝다. 한적하고 평화롭지만 곳곳에서는 기대에 부푼 관광객들을 쉽게 찾아볼 수 있다. 아를은 여유로웠다. 그곳의 사람들도 그랬고, 덕분에 나도 한결 더 여유로워질 수 있었다. 나는 원래도 여유로운 성격의 사람이다. 뭐든 바쁘고 급하게 하는 것을 선호하는 편이 아니라 아침에도 수업 시작 세 시간 전에 일어나 여유롭게 등교를 준비한다. 하지만 쉬는 것만큼은 그렇지 못했다. 나도 모르게 시간을 비효율적으로 써서는 안 된다는 생각이 있어서인지 휴식을 취하는 와중에 그냥 멍을 때린다거나 생각에 잠겨 아무것도 하지 않는다거나 그렇지 못했다. 뭐라도 해야 할 것 같아 핸드폰으로 인터넷 서핑을 한다든가 유튜브를 시청했다. 그리고 별 흥미 없는 프로그램이 방영될지라도 티브이를 틀어놓곤 했다. 하지만 아를에서의 나는 그렇지 않았다. 나는 반 고흐가 그림을 그리던 론 강에 가서 네 시간 정도를 앉아 있었다. 화창한 오후에 두 시간 해가 지는 저녁에 두 시간. 아무도 나를 신경쓰지 않았고 나 역시 아무것도 신경쓰지 않았다. 그 시간들은 오롯이 나를 위한 시간이었고 내가 피어날 수 있는 시간이었다.

사람과 사람 간의 온도도 중요하다. 혼자서 온 여행이 아닌 단체 여행이었기에 우리도 각자 서로의 불편함이 있었을 것이라고 생각한다. 물론 그것들이 그렇게 크지 않아 서로에게 말을 하지 않았을 수도 있고 말하기가 눈치 보여서 혼자 끙끙 앓았을 수도 있겠지만. 나도 아마 종종 불편함을 느꼈을 것이다. 물론 그것들이 사소해 지금은 기억해 내려고 해도 기억이 나지 않지만 말이다. 하지만 문득 문득 그런 생각이 들 때마다 내가 되뇌었던 건, 그 다름이 사소한 것으로 받아들여질 수 있었던 건, 우리는 모두 다른 온도를 가진 사람들이고 우리의 여행도 각기 다른 온도를 가지고 있을 것이라고 생각했기 때문이다. 이 사람의 여행이 나의 여행에 비해 조금 차갑다고 해서 혹은 조금 뜨겁다고 해서 틀린 것은 아니다. 그저 그 사람은 자신이 가장 잘 피어날 수 있는 알맞은 온도에서 여행을 하고 있는 것이다.

가장 여행하기 좋은 곳은 당신이 가장 피어나기 좋은 온도를 가지고 있고 당신은 그저 거기서 당신의 온도에 맞는 여행을 하면 된다. 굳이 다른 이에 맞춰 더욱 뜨거워지려 하지도 더욱 차가워지려 하지 않아도 된다. 당신은 당신의 온도에서 가장 아름답게 피어나니까.

2.4 유토피아

유토피아라는 말은 참 모순적이다. 우리는 항상 유토피아를 꿈꾸지만 그저 꿈에 그쳐버리고 마니까. 어디에나 있지만 어디에도 없는 곳이니까. 여행도 마찬가지인 것 같다. 우리는 일상에서 벗어나고 싶어서 여행을 떠나고 그곳에는 우리의 일상과는 다른 완전히 새로운 세계가 있을 거라는 기대를 안고 있지만 그저 꿈일 뿐이란 걸 깨닫는다. 여행은 나의 일상에서 벗어나 다른 이의 일상으로 들어가는 것. 내가 유토피아라고 착각했던 그곳은 그저 다른 이의 일상에 불과할 뿐이다.

그래도 우리가 계속해서 여행을 떠나는 이유는 유토피아는 찾지 못해도 나의 유토피아와 비슷한 모습을 하고 있는 곳들을 찾을 수 있고 그래서 유토피아를 계속 꿈꿀 수 있기 때문인 것 같다. 프랑스도 마찬가지였다. 내가 꿈꾸는 것만큼 차별 없고 평등하고 평화로운 도시는 아니었지만 그곳에는 고흐와 피카소가 숨을 쉬었고 지성이 살아 있으며 여유가 있었다.

프랑스, 그 중에서도 파리에 사는 사람들은 마음만 먹으면 언제든지 고흐, 피카소, 모네, 마네와 같은 과거의 천재 예술가들을 만나러 갈 수 있다. 그 사실만으로도 그들은 충분히 특별하고 축복받았다고 생각한다. 비행기를 타고 지구 반 바퀴를 돌면서까지 그들을 보러 오는 내 입장에선 말이다. 혹자는 21세기 스마트 시대에 굳이 그림을 직접 보러 가야 하나라는 생각을 할 수도 있다. 자판 몇 번만 두드리면 볼 수 있는 그림들인데. 나 역시 그런 생각을 가지고 있었으나 직접 보게 되니, 그림은 역시 실제로 봐야한다는 생각이 들었다. 실제로 봐야만 그림이 하는 이야기를 들을 수 있고 그림에 살아 숨쉬는 화가의 붓터치 하나하나를 느낄 수 있기 때문이다. 어떻게 그저 파랗다고 생각했던 물빛을 회색, 흰색, 푸른색 등 다양한 색을 이용해 표현할 수 있는지 경이로울 지경이었다. 그런 경이로움을 언제든 느낄 수 있는 프랑스 사람들도, 그리고 그것들을 소중히 여길 줄 아는 정부를 가졌다는 사실도 모두 부러웠다.

프랑스의 수많은 박물관, 미술관만큼이나 부러웠던 것은 프랑스 국립도서관이었다. 프랑스 국립도서관은 프랑스 정부의 애물단지라고 한다. 큰 수익성이 없음에도 불구하고 정부 예산의 20퍼센트가 투자되기 때문이다. 만약 한국 같았으면 그렇게 많은 돈을 낭비한다고 당장이라도 철회하라고 꽤나 욕을 먹었겠지만 프랑스의 대다수의 국민들은 그럴만한 가치가 있는 곳이기에 그에 동의했다고 생각한다. 당장의 눈앞에 실리를 좇기보다는 진정한 가치가 무엇인가에 대해 진지하게 고민할 줄 알고 아낌없이 투자할 줄 아는 그들의 방식을 본받고 싶었다.

미술관과 도서관에서 유난히 인상 깊었던 장면이 있다. 모네의 미술관에서 어린 아이들이 모네의 작품 앞에 자신의 스케치북을 펼쳐놓고 그림을 그리고 있었다. 모네의 미술관뿐 아니라 오랑주리, 오르세 미술관에서도 종종 그런 모습을 볼 수 있었다. 프랑스의 흔한 현장체험 학습인 듯 했다. 어려서부터 모네의 그림을 친숙히 접하고 직접 따라 그려본 그들에게는 모네가 역사 책 속에만 나오는 딱딱한 인물이 아니라 멋있는 그림을 그린 친숙한 화가 아저씨이겠구나 싶었다. 그리고 그의 그림을 쉽게 잊어버리지는 않겠지. 우리도 그랬더라면 얼마나 좋았을까. 누가 르네상스 시대고 인상주의고 하는 단편적인 사실만을 외울게 아니라 말이다. 그리고 프랑스 국립도서관에는 도서관 중간에 큰 공터가 있다. 그곳에서 젊은이들이 자유롭게 노래를 틀고 춤을 추고 있었다. 도서관과 춤이라 하면 큰 괴리감이 있지 않은가. 잘못하면 도서관 이용객들에게 항의가 들어올 수도 있고 말이다. 프랑스인들에게 도서관은 그저 책만 읽는 장소가 아니라 다양한 것을 배울 수 있는 진정한 배움의 터였다. 다양성에 대한 그들의 존중을 느낄 수 있었다.

물론 나는 여행객의 입장에서 프랑스를 본 것이기 때문에 매우 단편적인 사실밖에 볼 수 없었다. 그 속에 어떤 부정과 부패가 들끓고 있을지, 어떤 그림자들이 있을지는 모르는 일이다. 유토피아는 존재하지 않으니 그런 면들은 분명히 있겠지만, 그래도 나는 그들을 통해 나의 유토피아의 일부를 볼 수 있었고 우리도 그럴 수 있다는 희망을 가지며 계속해서 꿈을 꾸려 한다. 누군가는 나에게 굉장히 고리타분하고 재미없는 것들만 좋아한다고 말할 수도 있다. 하지만 그 고리타분하고 재미없는 것들 덕에 우리가 인간답게 살아갈 수 있는 것이라고 꼭 말해주고 싶다. 디지털과 손쉽고 자극적인 것만 좋아하는 우리가 꼭 생각해보아야 할 것이기도 하다. 어느 곳에 가치를 둘지 말이다.

3_ 순수할수록 강력한 호기심

박예빈

3.1 신선한 충격, 시민의식

평범한 환경에서 자란 사람이라면 아이든 어른이든 상관없이 세상엔 질서가 존재하고 그 질서를 지켜야 한다는 것을 어릴 적부터 반복적으로 듣고 자라서 무의식적으로 알고 있는 사실이다. 이를 알면서도 지키지 않는다는 것은 어쩌면 모국의 이미지를 망치는 일일지도 모른다. 프랑스의 낭만적이고 아름다운 부분에 대해서만 자주 들었지 그 뒷면에는 어떤 모습이 있는지 알지 못했기 때문에 그들의 시민의식 수준을 보고 입이 떡 벌어질 수밖에 없었다.

프랑스에 방문하고 가장 처음 발견한 그들의 문화는 보행자들의 교통신호 무시였다. 이를 문화라고 표현하는 것이 부적절하다는 것을 알고 있지만 굳이 문화라고 이야기한 이유는 일부의 사람만 해당되는 이야기가 아니라 어린아이부터 어른까지 모든 시민이 그렇게 행동했기 때문이다. 나에겐 신선한 충격이었다. 이런 생각을 해도 될지는 모르겠지만 그들의 문화가 어쩌면 실용적일지도 모른다는 생각이 스쳤다. 교통사고를 방지하기 위해 신호등을 설치하는 것이 결코 잘못된 일은 아니지만 때때로 불필요한 곳까지 신호등이 설치되어 답답함을 느끼거나 차가 없는 거리에서 비정상적으로 긴 신호를 기다리다 짜증을 느낀 적이 있을 것이다. 한국에선 그럴 때마다 신호위반을 하고 싶다는 충동은 들지만 그렇게 하지는 못했다. 그렇게 행동하는 사람은 드물었기 때문이다. 하지만 프랑스에서는 달랐다. 프랑스 사람들은 굳이 신호를 기다릴 필요가 없거나 차가 오지 않는 횅한 거리에서는 당연하다는 듯이 무단 횡단을 했다. 그런 모습을 보고 처음엔 충격을 금치 못했지만 나중엔 그 모습에 익숙해져 나도 그들을 따라 행동하기 시작했다. 마치 군중심리가 작용한 것 같았다.

파리의 지하철 개찰구

넓고 복잡한 파리에서 많은 장소를 방문해야 했으나 직접 운전하기 어려워 어쩔 수 없이 대중교통을 이용해 이동했다. 파리는 대중교통망이 잘 정비되어 있어서 이동하는데 큰 어려움은 없다. 대중교통 중에서도 지하철을 많이 이용했는데, 파리의 지하철은 그야말로 무법지대 같았다. 무법지대를 보며 두 가지를 보고 경악을 금치 못했다. 첫 번째는 잦은 무임승차였다. 그림과 같이 파리 지하철의 개찰구는 한국과 조금 다르게 생겼다. 잘 보면 입구를 막고 있는 장애물이 2개가 있다. 이는 무임승차를 막기 위해 설치된 것이라고 한다. 정부는 무임승차를 일삼는 악동들을 어떻게든 막기 위해서 저렇게 이중 바리게이트를 만들거나 공무원들이 직접 발로 뛰며 무임승차하는 사람들을 잡기도 한다. 하지만 이것도 무용지물이라는 생각이 들었다. 정부의 차선책을 교묘하게 빠져나가 무임승차를 하는 사람을 언제나 흔히 볼 수 있었기 때문이다.

두 번째는 악취였다. 지하철이 지상이 아닌 지하에서 운영되는 교통수단이기 때문에 환기가 어려워 공기가 좋지 않은 것은 어쩔 수 없고 어느 나라나 똑같을 것이다. 하지만 당혹스러웠던 것은 한국과 달리 프랑스 지하철엔 화장실이 없어서인지 바닥에 오물과 그 흔적들이 남아있었고 그것들이 풍기는 냄새가 너무 역했다. 뿐만 아니라 곳곳에서 쓰레기도 쉽게 발견할 수 있었다. 여기가 파리가 아니라 그냥 어딘가 방치된 공중화장실인가 싶었다. 낭만적인 도시 파리라고 불리긴 하나 이 정도 수준의 시민의식을 보여주는 것에 대해 실망스러운 마음은 감출 수 없었다.

3.2 아이 같은 순수함

요즘은 덜하지만 옛날엔 미디어에서 프랑스 사람이라 하면 불친절이라는 수식어가 꼬리처럼 따라다닐 만큼, 프랑스인들은 불친절한 이미지로 각인되어 있었다. 하지만 직접 그들을 만나보고 나서는 그런 생각을 전혀 할 수 없었다. 지금부터 하는 이야기는 내가 직접 겪고 내린 판단이라 주관적이니 너무 진지하게 받아들이지 않았으면 좋겠다.

내가 처음으로 이야기를 나눠본 프랑스인은 '찰리'라는 젊은 남자였다.

그를 만난 건 한국도 아니었고 프랑스도 아니었다. 놀랍게도 한국에서 프랑스로 출항하는 비행기에서 만났다. 우연히 내 옆자리에 앉은 그는 대한 항공을 처음 이용하는지 자신의 자리에 장시간 여행에 제공되는 물건들이 놓여있는 것을 보며 내 것이 아니냐고 물었고 그때부터 우리는 말을 트고 이야기를 나누기 시작했다. 나는 호기심이 많아 새로운 사람을 만나 이런 저런 이야기를 나누는 것을 매우 좋아한다. 그와 나눈 대화내용의 대부분은 나의 호기심 가득한 물음이었지만, 수많은 질문에 귀찮을 법도 한데 그는 어린아이에게 모든 걸 설명해 주듯이 하나하나 열심히 대답해주려고 노력했다. 나는 그런 모습을 보며 참 고맙기도 했지만 한편으로는 의아했다. 내가 갖고 있던 프랑스인에 대한 선입견과 찰리를 대조했을 때 일치하지 않았기 때문이다. 나는 찰리에게 이런 물음을 던졌다. "프랑스인들이 불친절하기로 유명하다고 들었는데 당신은 참 친절하고 상냥하네요. 프랑스인들은 사실 당신같이 친절한가요?" 이에 찰리는 웃으며 대답했다. "전 프랑스인이 불친절하다고 생각하지 않아요. 물론 그런 사람도 있겠지만. 제가 한국에 머물면서 느낀 것이 있다면, 프랑스인이 한국인에 비해 인간관계에서 좀 더 자유롭다는 것이었어요." 당시 대답을 들은 나는 크게 피부로 와 닿지 않았는지 "그렇군요."라는 대답과 대수롭지 않게 받아들이며 곧바로 다른 물음을 던졌다. 지금 와서 그의 말을 곱씹어보면 프랑스와 프랑스 사람들을 너무나 정확히 표현한 말이라서 소름이 돋는다. 프랑스를 방문하기 전엔 프랑스 하면 낭만, 예술, 시크, 이런 단어들이 떠올랐지만 프랑스를 방문하고 나선 자유, 순수, 여유와 같은 단어들이 연상된다. 왜일까?

때로는 직접적이고 형식적으로 건네는 위로보다 의도하지 않은 말과 행동들이 더욱 진심으로 다가와 더 큰 위로를 안겨줄 때가 있다. 프랑스를 여행하면서 그들에게 참 많은 사람들에게 위로를 받았다. 사실 위로라고 하기에는 진심 어린 눈짓과 스쳐간 체온이 다였지만, 그 순수함과 거짓 없는 모습이 누구도 닿지 못했던 내 마음을 쓰다듬어 주는 것만 같았기에 위로라고 쓰고 싶다. 누구나 여행을 통해 얻는 장점은 셀 수 없을 만큼 많다고 느낄 것이다. 하지만 여행이 지속되다보면 나도 모르게 신체적으로 그리고 정신적으로 지쳐가는 것도 사실이다. 계속해서 지쳐 가면 어느새 마음 한편에 부정이라는 존재가 자리잡아 장점이라고 느끼던 것들마저 아니꼽게 바라보도록 유도한다. 이럴 때 필요한 것이 재충전이다. 이번 여행에서 재충전이 필요한 시점이 몇 번 있었다. 그럴 때마다 그들이 나에게 활력소가 되어줬다.

약 5일간의 파리생활을 마치고 우리는 TGV를 타고 아비뇽으로 향했다. 그땐 여행의 중반을 향해가던 시기였다. 처음보다는 긴장이 풀렸고 초반에 일정을 매우 빡빡하게 잡아서인지 온몸에 피로가 쌓였다. 그리고 신체적 피로는 곧 정신적 피로로 다가왔다. 목적지에 도착하기까지 많은 생각에 잠겼다. 대부분의 부정적인 생각들이었다. 어느새 부정이 내 마음속에 자리를 잡기 시작하더니 부정적인 기억과 감정들을 머릿속에서 억지로 꺼내기 시작했다. 그렇게 부정의 늪으로 빠져갈 때쯤 누군가 나에게 손을 뻗었다. 동료도 아니었고 옆자리에 앉은 사람도 아니었다. 대략 4~5살로 보이는 꼬마 아이였다. 꼬마 아이는 무엇이 그리 신나는지 웃으며 통로를 뛰어다니고 있었다. 피곤에 절어 지쳐있는 사람들 속에서 홀로 행복한 표정을 짓는 모습이 너무 눈에 띄어 신기하게 바라보고 있던 그때, 갑자기 아이는 나를 보며 뛰어오더니 내 팔을 잡고 나에게 해맑은 미소를 띄어주었다. 그리곤 곧장 다른 곳으로 가버렸다. 짧은 순간이었지만 정신이 확 들었다. 온 신경이 그 순간을 다시 기억하려고 애썼기 때문이다. 꼬마가 스치고 간 그 손은 너무 따뜻했고 웃어주던 웃음엔 행복이 가득해보였다. 그 모습을 보니 방금까지 머릿속을 헤집고 있던 부정적인 생각들과 쌓인 피로들이 눈 녹듯 사라지는 것 같았다. 분명 꼬마는 나에게 그 어떤 한마디도 건네지 않았다. 하지만 그 행동엔 때 하나 묻지 않은 순수함이 가득했다. 사실 '꼬마 아이라서 당연히 순수하겠지'라는 생각이 들 수 있겠지만 아이에게만 이런 감정을 느낀 것은 아니었다. 찰리에게도 느꼈었고 아를에서 만난 노신사에게도 느꼈다.

평화로웠던 아를에서 여러 장소를 방문했지만, 가장 기억에 남는 곳을 묻는다면 고민도 하지 않고 론 강이라고 할 것이다. 반 고흐가 밤이면 자석에 끌리듯 발걸음을 옮겨 거닐던 강이라는 것을 빼면 사실 매우 평범한 강처럼 보인다. 하지만 단순히 강에 주목해서는 안 된다. 내가 그리고 많은 사람들이 론 강에 매료될 수 있었던 이유는 특유의 분위기 때문이다. 그 분위기는 분명 사진으로는 감히 담아낼 수 없는 한 폭의 그림 같은 풍경을 만들고 있었다. 황혼이 하늘과 바다를 수가지 색으로 물들일 때쯤, 론 강을 보고 사색에 잠기지 않을 수 없었다. 하늘은 루비와 자수정을 수놓은 듯 아름다웠고 그에 비친 강도 같은 색을 띄며 반짝반짝 거리고 있었다. 그 장면을 가장 빛내는 것은 사람들이었다. 신혼처럼 손을 꼭 잡고 걷는 노부부의 뒷모습, 딸과 놀아주는 아빠의 모습, 서로에게 기대어 있는 연인 등 다들 다른 행동을 하고 다른 것을 보고 있었지만 한 가지 공통점이 있었다. 누가 봐도 행복해 보였다는 것이다. 그 모습을 보고 있으니 괜스레 가슴이 먹먹해졌다. 그때 한 노신사께서 나를 보며 인자하게 웃으시며 불어로 아주 짧은 단어정도의 길이가 되는 말을 던지고 지나가셨다. 내가 아는 불어라고는 인사정도가 다여서 그냥 웃으며 "감사합니다."라고 말했다. 노신사가 어떤 말을 했는지는 모른다. 하지만 나쁜 말이나 그런 뉘앙스의 이야기는 확실히 아니었다. 세상에 어떤 이가 따뜻한 미소를 지으며 악담을 할까?

프랑스 곳곳을 배회하면서 이름도 나이도 모른 채 낯선 이방인에게 아무런 목적 없이 우호적인 태도로 대하는 그들의 모습을 보며 그들의 마음에는 기본적으로 아이와 같은 순수함이 가득 든 것 같다는 생각이 들었다. 그리고 그 순수함이 진심으로 다가와 많은 감정들을 남기고 갔다. 사실 오랜 기간 프랑스에 머물렀던 것은 아니다. 그렇기 때문에 주관적이기도 하고 내가 운이 좋았기에 좋은 사람들을 많이 만났을 수도 있다. 하지만 여러분이 꼭 기억했으면 하는 것이 있다. 바로, 여행을 하는 사람들에게 낯선 사람은 경계의 대상이기 때문에 그들을 경계하는 태도가 필요하지만 적대시할 필요까지는 없다는 것이다. 생각보다 세상엔 좋은 사람들이 많고 그 사람들이 언제 어떻게 나에게 다가올지는 아무도 모르니까 말이다.

나는 여행을 가거나 큰 일이 있을 때는 푼수같이 사고를 치곤 했다. 이번 여행은 조용히 넘어가나 싶었지만 역시 그러지 못했다. 아를에서 엑상 프로방스로 이동하는 버스에서 지갑을 두고 내린 것이었다. 지갑을 찾기 위해서 터미널 직원, 묵었던 숙소 직원, 버스 기사분 등 많은 사람들이 도와주려고 애썼지만 끝내 찾지 못했다. 그 지갑에는 신용카드, 유심 그리고 모든 현금이 들어있었기 때문에 나는 그 시점부터 땡전 한 푼 없는 빈털터리가 된 것이었다. 서둘러 신용카드를 정지하고 부모님께 연락해 지갑을 잃어버렸다고 말씀드렸다. 부모님은 "그래, 이번엔 사고 안 치나 했더니 여전하구나. 몸만 안 다쳤으면 됐다"라고 하셨다. 다행이라 해야 할지 모르겠으나, 여권과 휴대폰은 다행히 갖고 있었고 동료들이 있어 쫄쫄 굶거나 노숙신세는 면할 수 있었다. 만일 혼자 여행 왔다면 어땠을지 상상도 하기 싫다.

최근 '혼여족'이라는 신조어가 유행처럼 번지고 있다. 혼여족은 '혼자 여행을 떠나는 사람'을 뜻하는데, 혼여족에는 특히 피 끓는 청춘을 즐기는 20대들이 많다. 아무래도 혼자 여행하다보면 함께 여행할 때보다 주의해야 할 점이 많을 것이다. 분명 범죄의 타겟으로 지목될 가능성도 높을 것이고, 챙겨야 할 것들이나 신중하게 결정할 부분들을 의논할 기회도 없을 것이다. 더구나 나처럼 덤벙거리는 성격이라면 더더욱 주의가 필요하다. 그런 일이 없으면 좋겠지만 돌발 상황이 일어날 가능성을 배제할 수 없다. 그래서 프랑스를 혼자 여행할 계획이 있다면 자신을 위해 꼭 알고 있었으면 하는 것이 있다. 바로 프랑스에 위치한 재외공관(총영사관, 대사관)의 전화번호나 위치 등 관련 정보다.

> 주소 및 연락처

> 대사관

- 주소 : 125 rue de Grenelle 75007 Paris, FRANCE(지하철 13번선 Varenne 역)
- 공관 연락처
  - 대표전화 : 01 47 53 01 01 , 야간 당직전화 : 06 80 28 53 96
  - 대표팩스 : 01 47 53 00 41
  - 대표메일 : koremb-fr@mofa.go.kr
- 업무시간 : 월-금, 09:30-12:30, 14:00-18:00
  - 여권, 공증, 가족관계등록부 : 월-금 09:30-12:30, 14:30-16:30
  - 비자 : 월-금 09:30-12:00

나는 미처 몰랐으나 여행 도중 위급상황에 닥쳤을 때 여러 도움을 받을 수 있다고 한다. 예를 들어 나처럼 돈을 모두 잃어버린 경우엔 재외공관을 방문하면, 한국에 거주하는 친척이나 지인이 외교부 계좌에 입금한 후 그 자리에서 유로를 지급받는 신속해외송금제도를 사용할 수 있다. 또 재외공관은 우리가 갑작스러운 사고로 부상을 당했을 때 현지 의료기관에 대한 정보를 제공하거나, 긴급 상황시 통역서비스를 지원하는 등, 곤경에 처한 사람들에게 도움을 준다고 한다. 재외공관은 프랑스뿐만 아니라 세계 각국에 있으니, 해외 방문 계획이 있다면 꼭 알아놓아야 하는 곳이다.

3.4 열차 내 힐링 공간

가급적 먼 거리를 이용할 때에는 비행기를 타는 것이 가장 효율적이고 좋을 것 같겠지만, 내 생각은 조금 다르다. 비행기를 타면 물론 빠르게 목적지에 도착한다. 하지만 그게 전부다. 나는 여유가 있다면 무조건 버스나 지하철을 이용하려고 한다. 특히 해외여행을 갔을 땐 더더욱 그렇다. 바깥 풍경, 사람들, 분위기 등 최대한 많은 것들을 눈에 담고 싶기 때문이다. 그래서 파리에서 프랑스 남부로 가는 TGV를 탔을 때, 마치 견학하러 온 학생처럼 이것저것 구경하고 둘러 봤다.

프랑스의 TGV는 그냥 한국의 KTX, SRT와 거의 유사하다고 생각하면 된다. 객실 내부, 좌석, 승무원, 심지어 티켓을 잘 확인하지 않는다는 점까지 한국과 별반 다를 게 없었다. 각국의 열차가 갖고 있는 이미지와 차별화된 점이 있을 것이라는 기대감을 갖고 있었기 때문에 비슷한 풍경을 보고 실망했던 건 사실이었다. 하지만 분명 어딘가 다른 점이 있을 것 같다는 생각에 이곳저곳 둘러보았다.

마침내 발견한 것이 있었다. 특이한 매점이었다. 내가 열차를 이용한 시간은 평일 오전이었는데, 그 시간엔 캐리어를 끌고 다니는 여행객보다 먼 거리를 출퇴근 하는 직장인과 출장 가는 비즈니스맨들이 많아 보였다. 기차가 한참 달리던 때 그들은 자리를 비우더니 어디선가 아침을 대신할 빵과 커피를 가지고 제자리로 돌아왔다. 이 모습을 의아하게 생각한 나는 그 사람들이 간 길을 따라가 보기로 했다. 계속해서 다른 칸으로 이동했다. 똑같은 객실 칸이 계속 나타나다가 어느 칸에서부터 뭔가 느낌이 달랐다. 입구에서 북적북적한 분위기가 느껴졌고 사람들이 모두 서 있었기 때문이다.

매점 칸 풍경　　　　　　　　　　매점 칸 메뉴

드디어 찾았다는 환호와 함께 문을 열고 들어가니 그곳엔 맛있는 냄새
가 가득했다. 방금 배를 채운 사람도 다시 허기지게 만들 먹음직스러운
빵들과 마음을 차분하게 해줄 향긋한 커피향이 그 공간을 채우고 있었다.
사람들은 너도나도 줄을 서서 바리스타처럼 보이는 직원에게 음식을 주문
하며 간단한 대화를 나눴다. 그곳에서는 음식을 받은 사람들은 창가에 마
련되어있는 간이 테이블에 서서 바깥 풍경을 보며 잠깐 바빴던 일상에서
벗어나 커피 한잔과 함께 여유를 즐기거나 처음 만난 사람과 가벼운 대화
를 나누는 모습을 볼 수 있었다. 보고 있으니 참 마음이 평화로워지고 기
분이 좋아지는 것 같았다. 혹시 프랑스에서 TGV를 이용할 일이 있다면,
이 공간을 방문하여 색다른 여유를 즐겨보는 것도 좋은 경험이겠다.

3.5 기분 좋은 여름

여름의 프랑스는 그 자체로 최고급 호텔 부럽지 않은 휴양지인 것 같다. 이렇게 느낀 가장 큰 이유는 다름 아닌 날씨 때문이다. 봄과 가을이 점점 짧아지고 여름과 겨울이 길어지고 있는 우리나라, 우리의 여름은 그야말로 찜통이다. 한여름 집밖을 나서면 몇 걸음 걷지 않아도 찜통 속처럼 후덥지근하다. 사실 프랑스의 여름도 25에서 35도까지 올라가기 때문에 한국의 여름과 기온은 비슷한데, 그래도 습하지는 않다. 그래서 그늘에만 들어가 있으면 더위 걱정을 크게 할 필요가 없을 정도로 괜찮다.

또 프랑스의 여름은 해가 무척 길다. 길어봤자 8시쯤이면 지겠지 싶겠지만, 적어도 체감으로는 그렇지 않다. 11시쯤 되어야 겨우 세상이 밤에 잠긴다. 이렇게 긴 해가 프랑스 사람들의 생활 방식에 영향을 주었는지, 그들은 긴 낮을 즐기며 산다. 우리에게 여름이 피해야 하는 것이라면, 그들에게 여름은 즐겨야 하는 것 같다. 온갖 축제를 통해서 말이다.

니스의 재즈 페스티벌, 아를의 투우, 지역 벼룩시장 등 다양한 축제가 있었는데, 가장 기억에 남았던 것은 아비뇽의 연극제였다. 아비뇽은 우리로 치면 대학로와 비슷한데, 여기서 내가 깊은 인상을 받았던 것은 연극이 아닌 그 홍보 방식이었다. 사실 연극은 보지 못했고 애초에 볼 계획도 없었다. 7월의 뜨거운 태양이 온 동네를 구석구석 내리쬐고 있어서 그늘에서 조금만 벗어나도 쓰러질 것만 같은 날씨였던 터라 빨리 쉬고 싶었기 때문이다. 하지만 그 생각도 잠시, 어디선가 소란스러운 분위기가 느껴졌고 그 소란은 여러 장소에서 일어나고 있었다. 나는 그곳에 관심이 쏠리기 시작했고, 무슨 일인지 궁금하여 이리저리 둘러보았다.

그것은 공연은 아니고, 버스킹 같은 것이었다. 그때야 국제적으로 유명한 연극제가 이곳 아비뇽에서 이맘때쯤 열린다는 것을 책에서 읽은 기억이 났다. 아비뇽 연극제는 열정과 패기 넘치는 젊은 예술가들이 설 수 있는 자리를 마련하자는 좋은 취지에서 부터 시작되어 지금까지 이어져온 오랜 전통의 행사이다. 그래서인지 나이 상관없이 남녀노소 부담 없이 모두 즐기고 참여하는 모습에서 뜨거운 청춘과 패기가 느껴졌다. 눈을 뜨고 보기 민망할 정도로 난해한 복장부터, 보자마자 웃음을 유발하는 우스꽝스러운 복장까지, 재미있는 모습을 한 사람들이 거리를 활보하며 적극적으로 홍보하고 있었다. 이 장면을 보니 무더운 더위를 잊고 그곳에 더 머물고 싶다는 생각이 들었다. 아비뇽뿐 아니라 전 지역에서 축제가 열리니까 혹시 여름에 프랑스를 방문한다면 보고 싶은 축제를 기준으로 일정을 짜는 것도 좋을 것 같다.

프랑스를 방문하기 전에는 전문가들의 예술만 떠올렸는데, 방문하고 나서는 생각이 조금 달라졌다. 길거리의 아마추어 예술가들을 보면서도 예술의 나라답다는 생각이 들었다. 그들은 연극인으로서의 활동을 진심으로 즐기고 있었고, 즐기는 방법을 프로보다 더 잘 아는 것 같았다. 그들의 즐거움이 보는 사람들의 마음에까지 전해져, 이 작은 마을 전체가 유쾌함으로 가득 찼다.

4_ 다시 날아가고픈 9285km

여준서

하루의 시작은 언제나 같았다. 호텔 조식은 시리얼, 각종 빵, 수프, 베이컨, 달걀, 요거트 등으로 매번 똑같아서, 날이 갈수록 엄마가 차려준 따뜻한 아침 밥상이 그리워졌다. 하지만 다행히 점심과 저녁은 다양했다. 눈도 입도 즐거웠다.

늦은 시간에 도착한 탓에 우리가 프랑스에서 처음으로 간 음식점은 세계적 브랜드 맥도날드였지만, 이튿날부터는 현지 요리를 경험할 수 있었다. 처음 맛본 현지 요리는 루브르 박물관 관람이 끝나고 먹은 오리다리 요리이다. 구워진 오리 다리에 조리된 아스파라거스와 버섯으로 장식되었다. 닭다리 구이 맛이었고 좀 느끼했지만, 향신료 때문인지 꽤 독특했다.

남부 아비뇽에서 먹은 홍합요리와 해물볶음요리는 파리에서 쌓인 피로를 한 번에 날릴 수 있는 맛이었다. 홍합과 감자튀김과의 조합은 처음 경험해 봤지만 홍합의 부드럽게 씹히는 식감과 감자튀김의 바삭함은 계속 한 손에 포크를 들고 빈 통을 홍합껍질로 채우게 만들었다. 또한 아를에는 우리의 세 끼를 해결해 주었을 정도로 맛있는 식당이 있었다. 햄버거, 파스타, 샐러드, 생선과 스테이크가 메뉴판을 채우고 있었으며 샐러드와 생선을 제외한 3종류의 음식을 먹었다.

하지만 모히토는 실망이었다. 한국에서 맛본 달달한 맛을 기대하며 단 1

초의 고민도 없이 주문했건만, 짙은 민트 맛과 삼키는 동시에 느껴지는 강한 알코올과 함께 소중한 7달러가 사라졌다.

배를 채웠다 싶으면 반자동적으로 당에 끌리기 마련이다. 게다가 프랑스 하면 마카롱과 크레페와 젤라또 아닌가? 파리에서 식사를 마치고 디저트 가게에 들어가 마카롱와 에클레르를 주문했다. 유명한데도 가격이 착했을 뿐 아니라 맛의 종류도 다양해서 선택하는데 시간이 꽤 오래 걸렸다. 기다린 시간이 아깝지 않을 만큼 달달함은 어디도 비교할 수 없었다. 하지만 먹는 중에 조금씩 흘린 과자 조각을 찾아 우리 다리 사이로 겁 없이 들어오는 비둘기들이 있으니 조심해야 한다.

이외에도 베르사유 정원과 니스에서 식사 후 맛 본 젤라또는 일반 아이스크림보다 쫀득함은 더하고 과일 맛이 강하여 기름진 식사로 느끼해진 배를 상큼함으로 달래주기 딱이었다. 카페와 레스토랑 못지않게 많았던 크레페 가게를 들르지 않고 지나칠 수 없었다. 생애 첫 크레페를 프랑스에서 먹게 되어 메뉴를 선택할 때 어느 때보다 신중했다. 비주얼은 물론 맛까지 합격점을 줄 수 있었고 솔직히 하나로 배가 채워지지 않아 더 먹고 싶었으나 더 맛있는 저녁이 기다리고 있어 아쉽게 자리에서 일어나야 했다.

전체적으로 프랑스의 식당은 카페와 레스토랑으로 명칭이 다를 뿐 판매하는 음식과 분위기는 유사하다. 대부분 가게는 흔한 바의 형태를 갖추고 있어 술집의 느낌이 더욱 강했다. 식당에 들어가면 한국과 달리 테이블이 아닌 인원수에 맞추어 메뉴판을 나누어준다. 메뉴판은 언어별로 준비되어 있으며 구체적인 음식 재료까지 명시되어 외국인들을 위한 배려도 볼 수 있다.

마지막으로 물의 소중함을 절실히 깨달았다. 식당에 들를 때마다 물을 리필했다. 물도 유료여서 리필 요청하기가 좀 미안했지만, 살기 위해 어쩔 수 없었다.

이렇듯 사람의 욕망 중 가장 강하다고 볼 수 있는 식욕을 프랑스에서도 부족함 없이 충족할 수 있어 전체적으로 만족스러웠다.

4.2 관광객의 지갑

프랑스에 도착하여 걷다보면 이 나라가 왜 세계적 여행지인지 알 수 있다. 각자 캐리어를 끌며 돌로 가득한 철도 위를 다니는 소리와 함께 걸어가는 사람은 한 둘이 아니다. 차도 주변으로 주택이나 중소기업의 건물보다 호텔이 훨씬 많은 점 또한 역시 프랑스라고 가장 크게 느낄 수 있었던 이유였다. 거리에 관광객들의 지갑을 열게 하기 위해 여러 브랜드의 가게들이 순서대로 줄지어 있다. 나는 다행히 사람들의 소비욕을 자극하는 고급스럽고 멋진 상품들을 뒤로하여 바지 뒷주머니 속 내 지갑을 지켜낼 수 있었다. 번화한 길 뿐만 아니라 작은 골목 사이에도 프랑스 국기, 에펠탑과 각종 랜드 마크가 새겨진 기념품을 파는 상인들로 가득했다.

　게다가 여전히 프랑스는 2018 러시아 월드컵 우승 열기로 뜨거웠다. 작은 공터에서도 아이들과 어른들이 어울려 축구를 하고 있었고 이는 축구에 관심이 많은 나의 눈길을 끌고 몸을 근질거리게 만들었다. 혼자 여행을 왔다면 조심스레 같이 공을 찰 수 있는지 물어보지 않았을까 싶다.

　여행 중 문득 프랑스가 얼마나 많은 돈을 벌지 궁금해졌다. 때는 도착 3일째, 파리에서 조금 멀리 떨어져 위치한 베르사유 궁전에 방문한 날이다. 이전에 방문한 루브르 박물관과 개선문 등을 관람하기 전 엄청난 인파로 대기 시간이 길었는데, 베르사유 궁전의 대기 시간은 더더욱 길었다. 베르사유 궁전 앞에는 사람들의 긴 줄이 뱀 꼬리처럼 늘어졌고 그래서 입구가 보이지도 않았다. 이 긴 줄이 입장 전부터 우리 혼을 빼 놓았다. 명절에 고속도로를 달리는 아버지의 마음이랄까, 아니면 워터파크나 테마파크에서 놀이기구를 타기 위해 줄을 선 사람의 마음이랄까, 우리는 줄이 짧아지길 바라면서 지루함을 견뎌야 했다. 한 발짝씩 이동하며 문득 떠오른 생각이 '매일 아니 매달 아니 매년 이러한 인파들의 지갑 속에서 돈을 가져오고 그것이 모이면 얼마나 많은 돈이 될까?' 또한 '베르사유 외에 프랑스 곳곳에 위치한 세계적인 명소에 이와 같은 또는 이보다 조금 적은 인파가 끊임없이 모이면 얼마나 많은 돈이 될까?'하는 것이었다. 이에 더해 한 국가가 예부터 써내려온 역사, 그 배경과 유물을 잘 보존해온 결과로 현대에 이어 미래세대까지 다른 나라 부럽지 않을 만큼 탄탄한 경제의 토대가 되게 관광업을 발전할 수 있다는 걸 느꼈다.

　우리나라도 길고 자랑스러운 역사가 있으니 사람들이 더 많은 관심을 기울이고 보존에 힘쓴다면 위대한 유적과 유물들을 보러 세계 각지에서 수많은 사람들이 찾아오지 않을까?

4.3 두 가지의 'TIP'

마지막으로 'TIP'에 대해 이야기할까 한다. 영단어 'TIP'에는 두 개 뜻이 있다. 첫 번째는 사례금이다. 프랑스로 떠나기 전에 인터넷으로 알아보니 나라마다 적절한 팁의 정도가 정해져 있었는데, 프랑스는 1~2유로였다. 이 정도가 주는 사람도 받는 사람도 부담 없는 팁이라고 했다. 우리 돈으로 하면, 아르바이트생은 테이블 당 1300원, 운이 좋을 경우 2600원의 보너스를 받는 셈인데, 큰 금액은 아니더라도 아르바이트생이 간식이라도 사먹을 수 있어 좋고, 고객을 대하는 자세에도 도움이 되어 좋겠구나 싶었다. 팁을 여러 번 받는다면 무시할 수 없는 돈이 되겠구나 싶기도 했다. 어쨌든 여행 전에 알아본 팁의 의미는 이렇다. 한 직원이 가게에 들어온 손님을 자리로 안내하고 주문을 받고 음식서빙과 정리까지 맡는다. 이렇게 직원 한 명당 테이블 한 개를 맡게 되고 테이블에서 나온 팁은 직원 자신의 수입이 된다. 손님은 아깝다는 생각 없이 식당과 직원이 보여준 서비스에 대한 감사를 표현하는 것이고, 직원은 자기 일에 열정을 가지고 최상의 서비스를 제공하도록 동기부여 받는다는 의미였다.

그런데 현지 상황은 좀 달랐다. 우선 팁을 주는데 익숙하지 않은 나는 식당을 나오면서 쉽사리 돈을 놓고 나오지 못했다. 식비 이외의 돈을 지불하기 싫었지만 팁을 주는 경험을 하기 위해 동전 몇 개를 두고 나왔다.

한 번, 두 번 팁 주기를 해 보니 어느 새 식사를 마치면 가방 속에서 동전을 찾고 있었다.

팁을 주는 데 익숙해진 후부터는 길을 걸을 때마다 가방 속에서 동전끼리 부딪혀 나는 짤랑 소리가 줄어들었다. 이는 유럽에 챙겨온 돈이 조금씩 줄어든다는 의미이기도 했다. 나는 혼잣말로 물었다. 만일 한국으로 돌아와서 가는 식당마다 팁으로 돈을 놓고 나오면 어떨까? 고객의 우월함을 과시하고 직원을 낮추어 보는 태도라 해서 싫어할까? 아니면 그래도 어쨌든 아르바이트생에게 이득이 되니 많은 사람들이 좋아할까? 이런 저런 생각을 하면서 프랑스 여행이 끝나기 이틀 전까지 나는 식당에 갈 때마다 동전이 있으면 항상 팁을 놓고 나왔다.

하지만 한 식당에서 직원이 한 말을 듣고 머릿속이 새하얘졌다. 2.5유로의 팁을 챙겨주자 감사하다며 앞으로 여행 다닐 때 팁을 챙기지 않아도 된다고 했다. 음식 가격에 직원들의 팁 금액이 이미 포함되어 있기 때문이라는 것이다. 이 말을 들은 나는 당황한 표정을 최대한 숨기려 노력하면서 즉시 계산을 시작했다. '지금까지 팁으로 얼마를 썼지?'

내 머리가 이렇게 빨리 작동한 것은 아까워서가 아니라 그저 팁으로 낸 돈이 얼마인지, 그 액수만이 궁금해서였을 것이다. 그렇다. 아깝지 않다. 좋은 경험이라 생각한다. 이 경험으로 나는 프랑스 여행에서 팁은 중요하지 않다는 것을 알게 되었고, 여행 전 팁에 관해 공부하면서도 그것이 작은 액수지만 서로에 대한 존중을 표현하는 한 가지 방식임을 깨달았으니, 이것으로 족하다.

'TIP'의 두 번째 뜻은 조언 또는 유용한 정보이다. 짧은 기간이지만 여행을 해 본 경험자로서, 유용하다 싶은 정보를 독자에게 전하며 글을 맺고자 한다.

Tip 1) 뭐니 뭐니 해도 돈 관리가 먼저

가장 주의해야 할 것은 소매치기다. 나 또한 떠나기 전 부모님과 주변 사람들의 신신당부로 여행비를 여러 곳에 나눠 보관했는데, 이는 어느 곳을 여행하든 혹시 모를 사고를 대비하기에 좋은 방법인 것 같다. 다행히 이번 여행에 불미스러운 일은 없었지만, 언제 일어나도 이상하지 않을 만큼 사고가 잦고, 사고가 나도 범인을 찾을 수 없어 결국 본인의 관리 소홀을 탓할 수밖에 없을 만큼 사람이 많으므로 항시 조심해야 한다. 테러 등에 대비하여 경찰이 곳곳에 배치되어 있는 만큼 치안 수준은 꽤 좋았으니, 그나마 다행이다.

동전 이야기도 잠깐 하는 것이 좋겠다. 동전을 주머니 속에 넣고 다니는 것이 여간 불편한 일이 아니었다. 어떤 동전은 작지만 어떤 동전은 크고 무거워서 확실히 짐이 되었다. 그런데 걸리적거리던 동전들도 다 쓸데가 있었다. 숙소에서 자판기로 간식이나 음료수를 살 때 요긴했다. 특히 한밤중에 목이 마를 때, 지폐를 동전으로 바꿔 줄 직원이 로비에 없으면 낭패이기 때문에 동전이 꼭 있어야 한다. 동전, 무거워도 잘 챙기면 좋다.

프랑스 가기 전에 찾아본 또 하나의 유의사항은 길거리 상인들의 상품 착용 후 지불 강요를 조심하라는 것이었다. 이때까지만 해도 지극히 몇몇 블로거의 개인적 경험이라고 생각했다. 하지만 루브르 박물관을 나온 직후, 나는 이것이 사실임을 알게 되었다. 일반적으로 프랑스 명소라고 불리는 곳에 방문하면 여러 잡상인들을 만나게 된다. 판매하는 물건은 지인들에게 선물할 혹은 애인에게 선물할 기념품들이다. 상인들은 종종 팔찌나 열쇠고리를 직접 착용하길 추천하곤 한다. 루브르 박물관에서 나오자마자 한 상인이 나에게 다가와 착용을 집요하며 따라오기 시작했다. 다행히 미리 조심해야함을 알았던 나는 불필요한 소비를 면했으나, 글로 봤던 일이 실제로 일어나 매우 당황했다. 그러고 나서 나는 대처 방법을 알았다. 쉽다. 그냥 가던 길을 계속 가면 된다.

TIP 2) 길을 모르면 말짱 도루묵

디지털 시대에 살면서 아날로그를 가끔 경험하는 것도 꽤 즐거운 일이다. 이제 아날로그 중에서도 지도, 지도를 보며 길을 찾는 재미에 대해 이야기하려 한다.

휴대폰이 절실히 필요할 것이라는 생각에, 난생 처음으로 유심 칩이라는 물건을 구입했다. 이때까지만 해도 여행 중 길을 모르거나 의문이 들 때 유용하게 쓸 수 있고 또 한국에서 나를 기다리는 사람과 걱정하는 사람에게 연락할 수 있다는 생각에, 손톱만한 유심 칩을 꼽은 휴대폰이 그 무엇보다도 크고 든든한 지원군으로 느껴졌다.

하지만 현장에서는 이 휴대폰보다 꼬깃꼬깃 접힌, 평소에 눈길 한 번 주지 않던 종이 지도가 훨씬 큰 도움을 주었다. 하다못해 지하철 노선도 요긴하다. 사실 파리 지하철 노선도는 노선 자체가 많을 뿐 아니라 얼기설기 엮여 있어서 너무 복잡하다. 어찌나 복잡한지 작은 휴대폰 화면 속에 제대로 담을 수가 없다. 휴대폰 화면을 확대했다가 축소했다가 하는 것도 번거로운 일이다. 아무래도 종이로 보는 것이 훨씬 편하다. 환승역과 주요 명소들도 기호로 세세히 표시되어, 걸음을 잠시 멈추면 길을 금방 찾을 수 있다.

처음에는 파리 지하철 노선도를 보는 데 익숙하지 않았고 그래서 경험이 있는 선배들이 손쉽게 길을 알아보는 것이 부럽기만 했는데, 한국에 돌아올 때 즈음에는 나도 지하철 노선도를 어떻게 읽는지 완벽히 이해하게 되었다. 지하철역에서 내릴 때마다 나는 종이 지도부터 꺼내 위치를 파악하곤 했다.

지하철역뿐 아니라 상점을 찾기에도 종이 지도가 편리하다. 규모가 작거나 유명세를 타지 않은 가게는 인터넷에서 찾기 어려운데, 가게가 위치한 거리 이름만 알면 종이 지도로 충분히 찾을 수 있다. 종이 지도는 표시되지 않은 건물이 없다고 할 정도로 자세해서, 약간의 방향 감각만 있으면 누구나 유용하게 사용할 수 있다. 아날로그가 이렇게 편리하다니 놀라운 일이다.

이밖에도 항상 식수를 챙겨야 한다는 것, 팁은 식당 가격에 이미 포함되어 있다는 것, 호텔 예약 시 조식 포함유무와 세금까지 추가적으로 계산해야 한다는 것 등 알아놓을 사항이 여럿 있다. 요즘은 다양한 매체로 자신들의 여행 후기를 남기고 소개하여 인터넷으로 많은 정보를 얻을 수 있으니, 시간 정성만 들이면 충분히 알고 출발할 수 있다. 나 또한 가기 전에 큰 도움을 받을 수 있었다.

'프랑스' 듣기만 해도 머릿속으로 그려지고 가슴을 설레게 만드는 나라이다. 집에 돌아와 침대에 누워 불과 며칠 전에 찍은 사진들을 정리하다 보니 당장이라도 왔던 길을 돌아가고 싶은 심정이다. 프랑스의 파리, 남부 아비뇽과 아를, 그리고 니스는 더 오래 머물렀다 해도 계속 새롭고 아쉬움이 가득할 것만 같은 도시였다.

우리의 탐방 목표가 단지 바쁜 일상에서 벗어나 휴식의 공간에서 재충전하기가 아니었던 만큼, 우리는 정치사와 예술사 공부를 미리 하고 떠났다. 이렇게 어느 정도 준비했기에 현장을 방문할 때마다 눈도 머리도 마음도 더욱 즐거웠던 것 같다. 아직까지 몸 안에 남아 돌아다니는 감흥은 프랑스의 또 다른 도시에, 아니면 또 다른 국가에 방문할 계획을 세우게 만든다.

이런 즐거움을 나만 누리고 싶지 않다. 완벽한 준비는 필수가 아니다. 현재의 일상을 벗어날 용기와 열망만 있다면 준비가 조금 서투르다 해도 크게 문제되지 않는다. 이미 여행 다녀온 사람들의 경험을 인터넷 사진으로도 TV로도 볼 수 있는데, 왜 누군가는 현장 방문에 시간과 노력을 투자할까? 궁금하다면, 지금 당장 떠나자.

역사와 예술로 만나는 프랑스

초판 1쇄 2018년 12월 30일

지은이 | 고동규 황유라 박예빈 여준서

펴낸곳 | 한국전자도서출판
발행인 | 고민정
주 소 | 서울특별시 중구 을지로 14길 20, 5층 출판그룹 한국전자도서출판
홈페이지 | www.koreaebooks.com
이메일 | contact@koreaebooks.com
전 화 | 1600-2591
팩 스 | 0507-517-0001
원고투고 | edit@koreaebooks.com
출판등록 | 제2017-000047호
ISBN | 979-11-86799-31-4 (03920)

© 2018 부산외국어대학교

기 획 부산외국어대학교 파이데이아 아카데미아 사업단
저 자 고동규, 황유라, 박예빈, 여준서

이 책은 한국연구재단 지방대학특성화사업(CK-1)의 지원을 받아 출판하는 도서입니다.